FRIEDRICH WAISMANN

Wille und Motiv

Zwei Abhandlungen über Ethik und Handlungstheorie

HERAUSGEGEBEN VON
JOACHIM SCHULTE

PHILIPP RECLAM JUN. STUTTGART

Universal-Bibliothek Nr. 8208 [3]

Gesamtherstellung: Reclam, Ditzingen. Printed in Germany 1983
ISBN 3-15-008208-0

Inhalt

Wille und Motiv

Vorbemerkung

Von dem hier abgedruckten Material, dessen Titel der Herausgeber formulierte, ist sowohl ein Typoskript als auch ein Durchschlag erhalten. Da der Durchschlag einige Verbesserungen Waismanns enthält, die im Typoskript fehlen, wurde der Durchschlag als Druckvorlage verwendet. Orthographie und Interpunktion wurden behutsam dem heutigen Gebrauch angeglichen, sprachliche Eigenheiten Waismanns nach Möglichkeit beibehalten. Zusätze und Eingriffe des Herausgebers stehen in eckigen Klammern. Sämtliche Anmerkungen stammen vom Herausgeber.

J. Sch.

1
Willensfreiheit

Es gibt in irgendeiner Schichte unseres Wesens das Erlebnis des Wählens; das heißt, wir alle kennen Situationen, in welchen wir sagen, daß wir eine Entscheidung treffen und dabei zwischen verschiedenen Möglichkeiten wählen. Wenn ich nun sagen würde: der Akt des Wählens ist das Letzte, Entscheidungbringende, dann würde ich an Willensfreiheit glauben. Aber ich glaube nicht an einen solchen mystischen Akt, der sozusagen die hin- und herschwankende Waage endgiltig zum Umkippen bringt. Denn man kann wohl nicht ausschließen, daß hinter der Wahl und dem Konflikt der Motive möglicherweise etwas anderes steht: angeborene Dispositionen, die nachwirkenden Spuren früherer Entscheidungen, vieles, das aus dem eigenen persönlichen Leben in diesen Moment hereinragt und vielleicht zu fühlen aber schwer zu fassen ist, Interessen, Neigungen, über die man sich nicht klar ist oder die man sich nicht ehrlich und rückhaltslos eingestehen möchte. Die Entscheidung, die ich treffe, ist also vielleicht gar nicht das Resultat eines einfachen Willensaktes – vielleicht sollte richtiger der ganze Vorgang der Bildung einer Entscheidung »Wille« genannt werden? Wenn es sich so verhält, was soll dann aber mit Willensfreiheit gemeint sein? *Was* soll in diesem ganzen komplexen Geschehen frei sein? Der Wille? Aber der besteht ja gerade in der ganzen Vielfalt der Vorgänge, der inneren und der äußeren, verflochten mit der Vorgeschichte, aus denen die Entscheidung ersteht. Kurzum, obwohl die Erfahrung zeigt, daß wir zwischen Möglichkeiten eine Wahl treffen, so ist damit keineswegs bewiesen, daß diese Wahl etwas Letztes, Unverursachtes ist, daß sie nicht ihrerseits von vielen anderen Faktoren – ja vielleicht von Vorgängen in einer größeren Tiefenschichte – bedingt ist.

Soll ich also sagen, daß es eine Willensfreiheit gibt? Daß alles, was ich tue, determiniert ist? Hier stehe ich vor einer neuen Schwierigkeit: denn was heißt »determiniert«? Das heißt, wie kann ich entscheiden, ob meine Wahl oder meine Entscheidung durch alles das, was ich bis daher erlebt habe, bestimmt ist oder ob sie dadurch noch nicht bestimmt ist? Gibt es irgendein Kennzeichen, um diese zwei Möglichkeiten voneinander zu unterscheiden? Was ist das Kriterium der Determiniertheit? Was man sich vorstellt, ist wahrscheinlich dies: ich kann genaugenommen gar nicht zwischen verschiedenen Möglichkeiten wählen, der Gedanke, daß die Wahl in meiner Hand steht, ist eine Illusion, denn im Grunde ist bereits durch mein ganzes bisheriges Leben entschieden, welchen Weg ich gehen werde; der Weg ist mir sozusagen schon vorgezeichnet, nur weiß ich das noch nicht und spiele mit dem Gedanken, daß ich andere Wege gehen könnte. Aber diese ganze Betrachtung hätte nur dann einen klaren Sinn, wenn es irgendein Kriterium gäbe, um nachzuprüfen, ob ich wirklich keine Wahl hatte und gerade so und nicht anders handeln mußte. Worin sollte nun ein solches Kriterium bestehen? In der unbelebten Natur spricht man nicht von Willensakten, sondern nimmt an, daß das beobachtbare Geschehen kausal bestimmt ist. Das Kriterium der Kausalität ist nun die *Vorhersehbarkeit*: wenn mich meine Kenntnisse, einschließlich die Naturgesetze, in den Stand setzen, vorherzusagen, was unter bestimmten Umständen geschehen wird, dann sagen wir von diesem Geschehen, daß es *ursächlich bestimmt* oder *determiniert* ist. Ich bin nun vollkommen bereit zuzugeben, daß die Handlungen oder Willensentscheidungen eines Menschen determiniert sind, wenn es möglich wäre, sein Verhalten vorherzusehen; das heißt, wenn wir Gesetze kennten, auf Grund deren wir das, was ein Mensch tun wird, vorher berechnen könnten mit derselben Sicherheit, mit der wir Vorhersagen in der Physik machen. Wenn man also sagen könnte: unter den und den Umständen wird dieser Mensch so und so handeln, unter jenen Umständen aber in einer bestimmten anderen Weise, und zwar ganz unabhängig davon, welche Kämpfe oder Konflikte sich in seinem Innern abspielen mögen (denn die Formel hat schon alles das in den Kalkül eingestellt) – dann und nur dann wäre gezeigt, daß er in Wirklichkeit keine Wahl hatte und daß der Glaube an eine Willensfreiheit eine Illusion ist. Die tatsächliche Situation ist nun so, daß wir das Verhalten eines Menschen nicht oder nur mit einer gewissen Unsicherheit vorhersagen können. Man kann zwar, wenn man an Menschen denkt, die man sehr gut kennt, etwa an seine nächsten Angehörigen, sagen: »Ich bin sicher, daß er unter den und den Umständen das tun oder jenes nicht tun wird«, aber es fällt gar nicht schwer, sich Situationen vorzustellen, in denen man nicht recht weiß, was ein Mensch, den wir noch so gut kennen, tun würde, wo wir eher sagen würden: ich bin ziemlich sicher, daß er *das* nicht tun wird; aber er wird vielleicht das tun oder das oder das; ich halte es für wenig wahrscheinlich, aber nicht unmöglich, daß er sich auch so und so entscheide. M. a. W. die Lage, in der wir uns tatsächlich befinden, ist die, daß wir in dem günstigsten Falle, in

dem wir einen Menschen sehr gut kennen, uns ein Bild von den Möglichkeiten machen können, die ihm freistehen und gewisse andere Möglichkeiten ausschließen, daß aber der Raum der Möglichkeiten nie auf eine einzige Linie zusammenschrumpft, den Weg, den er wirklich gehen wird, und nichts deutet darauf hin, daß sich mit zunehmender Erkenntnis etwas daran verändern wird: wir scheinen stets vor dem Grundbild zu stehen: da ist ein Mensch im Augenblick eines Willensentschlusses – vor ihm ist immer ein offener Kegel von Möglichkeiten, die einen mehr wahrscheinlich, die anderen weniger wahrscheinlich, aber alles ohne scharfe Grenze fließend, ungewiß. Wenn wir aber die Handlungen eines Menschen nicht vorhersagen können, dann verliert die Rede von der eindeutigen Determiniertheit jeden Sinn; in der Tat, wie soll ich denn den Fall, in dem die Handlungen eines Menschen determiniert sind, *unterscheiden* von dem Fall, in welchem sie es nicht sind, wenn ich das einzige Mittel eine solche Unterscheidung zu treffen, die *Vorhersehbarkeit*, nicht mehr gebrauchen kann?
Ich kann also weder sagen, daß der Mensch frei, noch daß er unfrei ist. Beide Auffassungen zeichnen Bilder, die mit der Wirklichkeit nicht mehr im Einklang sind. Frei – unfrei: das sind Prädikate, die sich auf eine Handlung beziehen (ich handle frei, wenn ich nicht unter Zwang stehe), aber nicht auf den Willen. Die Freiheit geht mit dem Willen sozusagen eine chemische Verbindung ein.
Übrigens sieht man die Dinge in einer wechselnden Perspektive: in dem Moment, da ich vor einer wichtigen, praktischen Entscheidung stehe, werde ich von dem Gefühl durchdrungen sein, daß diese Entscheidung ganz

aus meinem Innern kommt, daß ich die Wahl sozusagen ganz in der Hand habe. Wenn ich dieselbe Entscheidung aus späterer Zeitferne wieder betrachte, wenn ich von all den Strömungen frei geworden bin, die mich damals beherrscht haben, wenn ich meine eigene Vergangenheit nun mit einem wissenden und suchenden Auge betrachte und mir vergegenwärtige, wer ich damals war und welche Kräfte und Einflüsse auf mich eindrangen, dann werde ich vielleicht eher geneigt sein zu sagen: in jener Entscheidung ist die Richtung meines ganzen damaligen Lebens zum Ausdruck gekommen, und sie hat wohl nicht anders ausfallen können. Um anders gehandelt zu haben, hätte ich ein anderer Mensch sein müssen.

2
Der Begriff des Willens

Gibt es ein Erlebnis des Willens? Und wodurch unterscheidet es sich von einem Erlebnis des Wünschens? Ist es etwa so, daß ich schwach, stärker und immer intensiver wünschen kann und daß, wenn die Intensität eine gewisse Grenze übersteigt, das Wünschen zum Wollen wird? Das heißt, ist der Wille nur ein Wünschen von außerordentlicher Intensität? Offenbar nicht; ich kann etwas leidenschaftlich wünschen, es ersehnen mit allen Fasern meines Wesens, mich vor Sehnsucht danach verzehren – und doch ist meine Sehnsucht nicht zum Willen geworden. Was ist der Unterschied?

Nehmen wir ein möglichst einfaches Beispiel. Ich liege am Morgen im Bett und möchte aufstehen. Ich sehe, daß es schon ziemlich spät ist, daß ich viel zu tun habe und aufstehen soll. Ich nehme sozusagen einen Anlauf und – bleibe liegen. Im Zimmer ist es kalt und ungemütlich, ich fühle mich müde – kurzum ich stehe nicht auf. Dennoch wünsche ich ernstlich dem Hin und Her ein Ende zu machen und aufzustehen; ich wünsche es sogar sehr stark; ich ärgere mich über mich, daß ich noch nicht aufgestanden bin; vielleicht wünschte ich mir, so zu sein, daß ich in einem solchen Falle ohne Schwierigkeiten aufspringen könnte. Aber alles das bleibt im Bereiche des Wünschens; gewollt habe ich noch nicht. Erst wenn ich *wirklich aufstehe*, habe ich gewollt. Solange ich das Aufstehen nur betrachtet, es mir vorgestellt oder herbeigewünscht habe, war es eben beim Wünschen geblieben. Was hinzukommen muß, um es zum Willen zu machen, ist die Tat.

Viele Philosophen haben sich über die Frage den Kopf zerbrochen, wie es der Wille eigentlich anfängt, die Glieder des Leibes in Bewegung zu setzen. Sie nehmen dabei an, daß der Wille etwas Seelisches ist und die Bewegung etwas Physisches. Wie kann, so sagten sie, ein Vorgang im Bereiche des Seelischen, [der] unräumlich ist, z. B. ein Willensimpuls, eine Wirkung ausüben im Bereiche des Körperlichen, z. B. eine Bewegung erzeugen? Wenn man die Sache so ansieht, erscheint es mirakelhaft. Ich will jetzt meinen Arm erheben; das ist ein Erlebnis in mir, ein Willensimpuls; und nun, siehe da! steigt mein Arm wirklich in die Höhe, wie von einer unsichtbaren Kraft gehoben. Ich müßte dann eigentlich außer mir sein vor Staunen, gleichsam mit weit aufgerissenen Augen einem Wunder beiwohnen, unfähig, es auch nur im geringsten zu verstehen. Es ist, als ob der unsichtbare Gedanke in mir wie durch Magie sich plötzlich materialisiert hätte. Was, der bloße Gedanke an das Heben des Armes bewirkt das Heben des Armes – in was für einem Zauberreiche leben wir! Aber halt! Solange ich den Arm nicht hebe, habe ich eben nicht gewollt: ich habe es vielleicht gewünscht, daran gedacht, es mir vorgestellt etc. Erst wenn ich die Bewegung wirklich ausführe, habe ich gewollt: *der Wille ist die Tat.*

Es ist also nicht so, daß auf der einen Seite ein klar faßbares Erlebnis wäre, der Willensimpuls etwas zu tun, und auf der anderen Seite der Akt des Tuns, und daß das erste das zweite hervorriefe; denn das Kriterium, das das Wünschen vom Wollen trennt, ist eben die Ausführung.

Das läßt es scheinen, als ob jedem Wollen ein Wünschen, oder eine Absicht, voranginge, und daß wir dort von einem Wollen sprechen, wo das Wünschen oder die Absicht zu Wirklichkeit wird. Aber ist das so? Geht jedem Wollen ein Gedanke, eine Absicht, ein Wünschen voran? Nehmen wir an, jemand sucht mich auf und bietet mir etwas zum Kaufe an; ich entschließe mich dazu ohne Bedenken; dann habe ich nicht gewollt; aber diesem Wollen ist keine Absicht und kein Wünschen vorhergegangen. Wann sprechen wir also von einem Wollen?

Im täglichen Leben tun wir tausend Dinge, wie wir sagen würden, mechanisch, ohne daß dabei von einem Wollen die Rede ist. Bei Tisch ergreife ich Messer und Gabel, ich schenke mir Wasser ein, oder biete den anderen die Zuckerdose an, ohne daß dabei irgendwelche Willensimpulse aufträten. Alles das fließt mechanisch ab, ist tausendmal geübt und konventionalisiert worden und ist fast schon so reflexartig, wie wenn ich mit der Hand eine Fliege verscheuche, die sich auf meine Nase gesetzt hat. Meistens wollen wir nicht; wir *tun* einfach etwas. Zu einem Wollen kommt es erst, wenn in diesem glatten Ablauf eine *Stauung* eintritt. Nehmen wir an, ich ergreife das Messer, aber es läßt sich nicht aufheben. Das erregt meine Aufmerksamkeit, ich probiere noch einmal, schaue es genau von allen Seiten an und versuche jetzt mit Gewalt, es aufzuheben. Ich fühle dabei einen Widerstand, erlebe eine Anstrengung in den Muskeln und überwinde den Widerstand. (Ein Spaßvogel hat sich etwa den Jux gemacht, unter dem Tische, unbemerkt von mir, einen starken Magneten anzubringen, der das Messer festhält.) In diesem Falle wird man sagen, daß mein Wille auf das Ergreifen des Messers gerichtet ist, daß ich es nicht nur, wie sonst, automatisch in die Hand nehme. Gäbe es keinen Widerstand, würde alles, was ich tue, glatt und ohne Anstrengung abfließen, so käme es gar nicht zum Erlebnis des Willens. Die erste Tatsache, die daraus folgt, ist die: zu jedem Wollen gehört ein Widerstand, und das Wollen ist auf die Überwindung dieses Widerstandes gerichtet.

Aber sagte ich nicht gerade, daß ich mich ohne Besinnen entschließen kann, einen Gegenstand, der mir angeboten ist, zu kaufen, und daß ich dann gewollt habe? Wo ist aber da der Widerstand? Nun, die Frage wird für einen Moment in mir auftauchen, ob ich das Angebot annehmen oder ablehnen soll, mag dieses Schwanken auch nur einen kurzen Augenblick gedauert haben, ein Konflikt zwischen zwei Vorstellungen war jedenfalls da, die eine der beiden Vorstellungen muß stärker gewesen und die andere unterdrückt haben. Hier haben wir also die innere

Hemmung, deren Überwindung den Vorgang zu einem willentlichen macht. Gab es überhaupt keinen Widerstreit zwischen den Vorstellungen, würde ich nicht, wenn auch noch so kurze Zeit, zwischen Annahme und Ablehnung gezögert haben, dann wäre mein »ja« gar keine Willensentscheidung gewesen, sondern eben eine mechanische Reaktion von der Art wie wenn der Schaffner auf die Angabe des Passagiers die Fahrkarte herausgibt. Dazu stimmt folgende Beobachtung sehr gut: wenn ich sage »ich will einen Apfel essen«, so ist daraus das Moment des Wollens fast ganz verschwunden; es besagt nahezu: »ich bin im Begriffe einen Apfel zu essen, ich werde jetzt gleich den Apfel essen«; daher ist auch im Englischen das Wollen zu einem Hilfszeitwort der Eigenschaft geworden. Man könnte sagen: der Wille degeneriert in das Futurum. – Andererseits kann es ein enormes Willensaufgebot erfordern, nichts zu tun – im Angesichte einer starken Beleidigung ruhig zu bleiben, oder, wie in den früheren Kriegen, als Soldat in der ersten Reihe zu stehen und ruhig auf sich schießen zu lassen. Wir bewundern hier die Willenskraft, weil sich hier eben die Überwindung gewaltiger Mächte verrät.

Wie ist es aber, wenn einem skrupellosen Geschäftsmanne ein vorteilhafter Kauf angeboten wird und er ohne Zögern zugreift? Müssen wir erst peinlich untersuchen, ob in ihm ein »Kampf« zwischen zwei Vorstellungen stattgefunden hat, ehe wir sagen dürfen, daß er gewollt hat? – Ich glaube, daß sich in diesem Beispiele zwei Vorstellungen durchkreuzen: die äußere Situation des Kaufabschlusses, wie sie sich etwa dem Juristen darbietet, und die innere psychologische Situation, auf die es uns hier allein ankommt. Im juristischen Sinn ist zu sagen, daß er für den Kauf verantwortlich ist, daß dieser ihm – oder seinem »Willen« – zugerechnet wird. Wenn hier von seinem »Willen« gesprochen wird, so ist nur gemeint, daß es ihm freistand, zu wählen, ja oder nein zu sagen – nicht, daß sich tatsächlich eine solche Entscheidung in ihm vollzogen hat. Den Kauf »seinem Willen zuzuschreiben« heißt jedoch nur: ihn vor dem Gesetze verantwortlich machen, ihm die Stellung eines Rechtssubjektes zuerkennen. Ein unmündiges Kind z. B., (oder ein Sklave im alten Rom) hat vor dem Gesetze »keinen Willen«. Das ist natürlich keine psychologische Aussage. Im juristischen Sinne also betätigt der Käufer seinen Willen, ob er nun beim Kauf eine Hemmung unterdrückt oder nicht. Im psychologischen Sinne dagegen kann wohl nur da von einem Willen die Rede sein, wo tatsächlich eine äußere oder innere Hemmung auftritt, die überwunden wird. Wenn der Wille die Tat ist, so ist die Tat keineswegs der Wille.

Verhält es sich also mit dem Willen wie mit dem Mut? Ist man nur mutig, wenn man zugleich irgendwie Furcht empfindet und diese Furcht überwindet? Oder kann man mutig sein, ohne überhaupt zu wissen, was Furcht ist? Oder ist das erst der rechte Mut?

Es mag sein, daß Menschen, die der Außenwelt von großer Willenskraft erscheinen wie Napoleon, von innen gesehen gar keine so nennenswerten Anstrengungen aufbieten, weil bei ihnen ein Vorsatz leicht und ohne stärkere innere Hemmungen zur Handlung wird. Der natürliche Ablauf des Geschehens ist bei ihnen vielleicht nur wenig gehemmt, so daß es bei ihnen nicht recht zu einem inneren Widerstreit und daher auch zu keinem wesentlichen Gefühl von Überwindung, Anstrengung, also zu einem Willenserlebnis kommt. Während die sogenannten »schwachen Naturen« vielleicht oft verzweifelte Willensentschlüsse mit sich auskämpfen und heroische Anstrengungen machen müssen, um sich auch nur die kleinste Willensentscheidung abzuringen. Vielleicht gibt es keine Gruppe unter den Menschen, die desparatere Anstrengungen machen als die hoffnungslos verfehlten Existenzen, die Trinker, die Süchtigen, die »willensschwachen« Träumer, die immer wieder gegen ihre eigene Natur anrennen und immer wieder unterliegen.

Es kann aber natürlich auch sein, daß die großen Männer der Geschichte wirklich eine viel größere Willensenergie besessen haben und mit allen Widerständen fertig geworden sind. Wie soll man eigentlich zwischen diesen beiden Möglichkeiten entscheiden? Was sollen wir von dem Ausspruche halten: »Die einzigen Menschen, die stark wollen, sind Neurotiker, und nicht Helden«?

Wenden wir uns aber wieder dem Normalen zu!

Setzen wir den Fall, daß der Widerstand, der überwunden werden soll, enorm ist. Kann sich mein Wille z. B. darauf richten, ein Welteroberer wie Alexander der Große oder ein Dramatiker wie Shakespeare zu werden? Oder die gegenwärtige Regierung zu stürzen? Solche Ziele sind meinem Willen offenbar unerreichbar; ich mag vielleicht in der Phantasie solchen Wünschen nachhängen oder davon träumen; aber kann sich eigentlich mein Wille ernsthaft darauf richten? Wo sollte er denn beginnen und was unternehmen, um eines dieser Ziele zu erreichen? Man könnte sagen, daß das Ziel der Reichweite meines Willens gänzlich entrückt ist. Es gibt eben Situationen, in denen es nicht zum Wollen kommt, und

zwar nicht, weil es an Widerstand fehlt, sondern weil der Widerstand übergewaltig ist.
Daraus lernen wir etwas zweites: das, was man »Wille« nennt, liegt zwischen zwei Grenzen: einem gewissen sehr kleinen Widerstand, unterhalb dessen man *noch nicht* von wollen spricht, und einem sehr großen Widerstand, über den hinaus man *nicht mehr* von wollen spricht.
Stehen nun diese Grenzen fest? Nein; es ist eher so, daß sich die Idee des Willens an beiden Enden ohne scharfe Grenze verflüchtigt; obwohl man das Aufhören des Willens an Beispielen versinnlichen kann. Ich ziehe mir den Kragen aus, etwas »spießt« sich im Knopf und will nicht; ich denke dabei etwa an ganz andere Dinge und zerre mechanisch eine Weile herum; es geht noch immer nicht; schließlich wird meine ganze Aufmerksamkeit geweckt und ich strenge mich an, den Kragen offen zu bekommen. Kann man hier eine haarscharfe Grenze ziehen zwischen mechanischem und willensmäßigem Tun? Ist der entscheidende Moment vielleicht das Erwachen der Aufmerksamkeit? Aber die Aufmerksamkeit fluktuiert in Wellen, wendet sich vielleicht für einen Augenblick dem Kragen zu und springt wieder ab oder fährt im früheren Gedankengeleise fort. Es ist eben so, daß mechanisches und willensmäßiges Verhalten durch eine Reihe von Zwischengliedern verbunden sind, ohne scharfen Knick.
Kann ich etwas wollen, das gänzlich außer meiner Macht liegt? Ich kann nicht wollen, daß die Sonne jetzt aufgehe, daß der Ozean zurückweiche oder daß mein Herz schneller schlage. Soll ich daraus schließen, daß ich nur wollen kann, was in meiner Macht liegt? Das wäre nicht

ganz richtig. Nehmen wir an, ich glaube an Magie oder traue mir ungewöhnliche Kräfte zu. Dann könnte ich wollen, daß mein Herz schneller schlägt. Es könnte sogar sein, daß ich die Vase am anderen Ende dieses Zimmers starr anblicke und mir vornehme: »Ich will, daß sie durch die bloße Anspannung meines Willens umfällt.« Soll ich sagen, ich habe in diesem Falle nicht wirklich gewollt, sondern nur gewünscht? Das wäre, glaube ich, nicht recht. Ich habe tatsächlich etwas wie gewollt. Aber worin bestünde dann mein Wollen? Nun darin, daß ich die Vase fest ins Auge fasse, daß ein Gefühl der Anspannung durch den Körper geht, die Muskeln sich straffen, ich ein entschlossenes Gesicht mache, der Blick eindringlich, hartnäckig auf den Gegenstand gerichtet ist und ich mir etwa im stillen sage: »Du mußt jetzt umfallen.« Also selbst in diesem Falle ist etwas wie eine Willensanstrengung möglich. Es ist daher richtiger zu sagen: nicht daß ich nur wollen kann, was in meiner Macht liegt, sondern daß ich nur das wollen kann, von dem *ich glaube*, daß es in meiner Macht liegt. Da die Annahme über das, was ich mir zutraue, mit meiner Stimmung, meiner Weltanschauung etc. schwankt, so muß sich auch im Begriffe des Willens etwas Unbestimmtes finden. Nehmen wir an, ich sage: »Ich will eine Tonne stemmen.« Ich probiere es und es mißlingt; habe ich gewollt? Wenn ich von vorherein gewußt habe, daß es aussichtslos ist, dann habe ich nur so getan, als ob ich wolle; wenn ich dagegen mit vollem Zutrauen an die Aufgabe ging, dann habe ich gewollt; wie aber, wenn ich unsicher bin? Habe ich dann gewollt oder nicht? Kann ich sagen: »Ich will geliebt sein«? Darauf ist es schwer zu antworten. Ich kann vielleicht den Glauben haben, daß dies in meiner Macht liegt, ich kann sogar einiges in dieser Richtung tun – aber ist das alles? Oder gibt es vielleicht verschiedene Typen des Wollens? Werden vielleicht ihrem Wesen nach verschiedene Vorgänge von der Sprache zu einer Art Einheit zusammengeschlossen? Ist der Wille, geliebt zu werden, nicht *seiner ganzen Art nach* verschieden von dem Willen, meinen Arm auszustrecken? Kann sich wollen und wünschen mischen?

3
Typen des Wollens

Betrachten wir einige Beispiele: ich will mich erinnern; ich will mich mit einem mathematischen Problem befassen; ich will daran nicht denken; ich will mich für eine Beleidigung rächen; ich will ein neues Leben anfangen und ein anderer Mensch werden; ich will mich in mein Schicksal ergeben; ich will mich dem Bösen überlassen; ich will an Gott glauben; ich will nicht leben; ich will in die Vergangenheit zurück; ich will nicht wollen.

»Ich will mich erinnern«: Ich mache eine Anstrengung, einen vergessenen Namen oder eine vergessene Begebenheit ins Bewußtsein zu heben, ich lenke etwa meine Gedanken in diese Richtung, durchstöbere die ganze Umgebung in der Erwartung, daß das Vermißte auftauchen werde. Das Wollen besteht hier in der Anstrengung, der Konzentration. Da ich aber nicht sicher weiß, ob das Erinnern in meiner Macht steht, so bekommt das Wollen etwas Fragwürdiges. Man sagt daher: »Ich *suche* mich zu erinnern.«

»Ich will mich mit einem mathematischen Problem befassen«: Ich nehme mir freie Zeit, sage etwa einen Besuch ab, suche Bücher hervor, lege Papier und Bleistift zurecht, stelle meine Aufmerksamkeit auf das Problem ein und suche mich zu konzentrieren. In diesem Falle besteht das Wollen nicht nur in der Anspannung der Aufmerksamkeit, sondern auch in den vorbereitenden Schritten, dem Aus-dem-Weg-Räumen der Hindernisse, dem Freimachen der Zeit etc; kurzum das Wollen ist nicht ein einzelner Akt, sondern eine ganze Reihe von Vorgängen, die vielleicht zu verschiedenen Zeiten stattfinden; von keinem dieser Vorgänge kann man sagen, daß er allein, auch wenn die anderen nicht vorhanden wären, das Wollen ausmacht: denn von einem etwa plötzlich erwachten Interesse an einem mathematischen Problem würde ich nicht sagen, daß es der Wille ist, sich damit zu beschäftigen; und wenn ich mir nun die Zeit reserviere, Papier und Bleistift bereitlege, aber dann nicht weiter nachdenke, so würde ich wohl sagen, daß ich daran *dachte*, mich mit dem Problem zu befassen, aber nicht, daß ich wirklich gewollt habe. – Gesetzt aber, ich bin in den Vorbereitungen gestört worden, so daß ich nicht zur Beschäftigung mit dem Problem kam – was dann? Weiß ich selbst mit Sicherheit, ob ich gewollt habe oder ob ich nur meine Gedanken in diese Richtung schweifen ließ? Das hängt wohl von dem gesamten Lebenshintergrund ab, ob ich es z. B. gewohnt bin, mich mit mathematischen Problemen zu befassen oder ob ähnliche Erfahrungen in meinem Leben lehren, daß es wohl auch diesmal nur ein verunglückter Anlauf gewesen wäre.

Aus diesem Beispiel sehen wir zweierlei: erstens, daß der

Wille nichts Einfaches, nicht ein »Impuls« zu sein braucht; zweitens, daß ich selbst nicht mit absoluter Sicherheit zu sagen weiß, ob ich gewollt habe oder nicht. Die Komplexheit der Situation wird noch deutlicher, wenn ich das Beispiel etwas verändere und sage: »Ich will Mathematik studieren«; das setzt vielerlei Handlungen, Vorbereitungen, Interesserichtungen und vielleicht sogar Änderungen in der Lebensweise voraus; oder besser der Wille schließt alles das ein.

»Ich will nicht daran denken«: Ich suche allem aus dem Wege zu gehen, das mich damit in Verbindung bringt, ich scheuche den Gedanken, wenn er auftritt, zurück, ich suche mich vielleicht abzulenken oder mich mit anderem zu befassen oder mich in Tätigkeit zu stürzen, ich vermeide jede Gelegenheit, davon zu sprechen, ich weiche auch im Innern einer jeden solchen Gelegenheit aus. In meinem Bewußtsein ist eine ablehnende Haltung gegenüber der ganzen Region, welcher das entstammt, woran ich nicht denken will, diese ganze Region wird sozusagen für tabu erklärt. Aber in geschwächtem Zustand, wenn ich ermüdet bin oder vor dem Einschlafen oder in einer affektiven Strömung kann mich der für tabu erklärte Gedanke unversehens überrumpeln, ich wehre mich gegen ihn, aber er ist stärker, ich bin schwächer, ich kann ihn nicht abschütteln, und so kann ein Kampf entstehen zwischen der affektiven Kraft, die den Gedanken ins Bewußtsein hebt und den Schutzvorkehrungen, die ich im Bewußtsein gegen ihn errichtet habe. – Man sieht wieder, wie weit entfernt hier der Wille von einem einfachen Akt ist.

»Ich will mich für eine Beleidigung rächen«: Wenn ich auf eine Beleidigung hin etwas im Affekt, oder wie man sagt »impulsiv« tue, so wird man kaum sagen, daß ich mich rächen *wollte*. Der Wille zur Rache setzt vielmehr voraus, daß ich Rachegefühle gehegt, mit dem Gedanken an die Rache gespielt, verschiedene Möglichkeiten erwogen und schließlich eine gewählt habe. Er setzt also einen inneren Aufruhr, eine gewisse Phantasieleistung, eine Leistung des Verstandes – die Prüfung der verschiedenen Mittel und die Auswahl eines passenden – voraus, und schließlich noch etwas, nämlich den Entschluß, den gebilligten Plan in die Wirklichkeit umzusetzen. Ist es nun nicht dieser letzte Entschluß, der eigentlich den Willen darstellt? Aber wir würden nicht von einem Entschluß oder von einem Willen zur Rache sprechen, wenn ihm nicht gewisse leidenschaftliche Gefühle, Bilder der vollzogenen Rache und eine Planung vorangegangen wären. Das ganze ist eben ein mehr oder weniger langer Prozeß, ein Sichherausbilden eines Planes und schließlich ein Jasagen zu diesem Plane; und was, wenn ich im letzten Augenblicke zurückschrecke und den Weg nicht gehe? Dann habe ich mit dem Gedanken an die Rache nur gespielt, mich zu rächen gewünscht, aber nicht gewollt. Der Entschluß besteht in der Tat: aber der Wille, mich zu rächen, ist nicht nur diese Tat, sondern die Tat und alles das, was ihr vorhergeht und sie als Resultat erscheinen läßt. Der Wille umfaßt alle diese Vorgänge zusammen und ist nicht identisch mit einem bestimmten von ihnen.

»Ich will ein neues Leben anfangen und ein anderer Mensch werden«: Das ist sehr kompliziert. Es ist Unzufriedenheit mit meinem bisherigen Leben darin, Reue, Einsicht oder vermeintliche Einsicht in einen Weg, der mir zum Heile gereichen wird, Beurteilung der eigenen

Persönlichkeit und Einschätzung der eigenen Kraft, Wissen um die Schicksale anderer Menschen, Vorbereitungen, Erwägungen, und schließlich das Bilden eines festen Entschlusses, eine Änderung der Lebensweise oder der Lebenseinstellung, die Anfänge einer Tat und das beharrliche Fortschreiten auf dem als richtig erkannten Wege: alles das ist in dem versammelt, was man hier als »Wille« bezeichnet. Noch eines: wenn ich mich von dem Wege abbringen lasse, dann aber Reue empfinde und zu ihm zurückkehre, dann weiß ich erst, daß ich wirklich gewollt habe und nicht nur eine fromme Absicht hatte. Die Tiefe und Dauer der Reue kann man geradezu als Maß für die Stärke des Willens zur Umkehr betrachten. Das zeigt, daß man eigentlich erst im Lichte künftiger Erfahrungen sehen kann, ob man wirklich gewollt hat, daß man aber nicht, indem man sich sozusagen in das eigene Innere versenkt, das Vorhandensein eines solchen Willens direkt wahrnehmen kann. Keine Introspektion, keine Erforschung des eigenen Innern, mag sie noch so schonungslos sein, kann uns davon überzeugen, daß der Wille zur Änderung des Lebens wirklich in uns lebendig ist. Denn diese Erkenntnis erfordert Daten, die mir jetzt im Augenblick, da ich mich prüfe, noch gar nicht zur Verfügung stehen, sondern mir erst in der Zukunft zugänglich sein werden. Hier ist das [γνῶϑι σαυτόν] wirklich nicht mehr als eine schöne Redeweise.

»Ich will mich in mein Schicksal ergeben«: Hier fällt einem auf, daß »sich ergeben«, »hinnehmen« eigentlich so gut wie das Gegenteil von Willen ist. Tatsächlich kann dieser Satz sehr verschiedenes besagen: er kann der Ausdruck einer resignierten, verzichtenden Lebensstimmung sein: »Ich bin müde, ich habe mich schon so oft angestrengt und es hat nichts gefruchtet, ich sehe keinen Weg mehr, ich gebe es auf«; aber auch der Ausdruck einer Einsicht: »Ich bin schließlich zu der Erkenntnis gelangt, daß dieses Los, bitter wie es ist, wahrscheinlich das beste ist, was das Schicksal mir zu bieten hat, und daß es frevlerisch wäre, sich dagegen aufzulehnen«; oder auch der Ausdruck eines Entschlusses: »Ich will mich zurückhalten, gegen das Schicksal zu murren, ich will keinen Versuch mehr machen, aufzubegehren, ich will versuchen, dieses Leben hinzunehmen und ihm das Beste abzugewinnen.« Und alle diese Elemente – Verzicht, Einsicht und Willensentschluß – können sich verbinden und irgendwie vermengen in dem Satz »Ich will mich in mein Schicksal ergeben.« Was für eine kuriose Mischung!

»Ich will mich dem Bösen überlassen«: Ich will dem Drange zum Bösen nicht mehr Widerstand leisten, ich will mir keine Hemmungen auferlegen, ich will dem schrecklichen Reiz des Bösen nachgeben und mich ihm mit einer Mischung von Wollust und Grauen überlassen – nun nehme das Schicksal seinen Lauf!

»Ich will an Gott glauben«: Das ist sehr dunkel. Es ist ziemlich klar, was ich meine, wenn ich etwa sage: »Ich *wünschte*, daß ich an Gott glauben könne.« Aber glauben *wollen*? Steht das überhaupt in meiner Macht? Vielleicht fühle ich in meiner Tiefe etwas aufsteigen und werde mir zuerst dunkel und dann mit wachsender Klarheit einer Tendenz bewußt, welche an meiner ganzen Art, die Dinge zu sehen, arbeitet, sie langsam umgestaltet und mich dem Gottesglauben zuführt. Aber dann fragt es sich, ob *ich* will oder *etwas in mir* will, sozusagen ob der Wille von mir ausgeht oder – aus tieferen Schichten meines Wesens – etwa meiner Erbanlagen – auf mich zukommt, ja mich überwältigt. Es ist denkbar, daß ich mich gegen diese Glaubenstendenz zur Wehr setze, daß ich nach Gründen suche, sie zu entkräften, wie etwa in dem Fall, wo ich ein in mir aufkeimendes abergläubisches Gefühl zu unterdrücken suche. Es wird hier eine Auseinandersetzung geben und – manchmal – ein Ende dieser Auseinandersetzung, in der ich entweder über die Lockung des Glaubens Sieger bleibe oder aber sage: »Gut, ich habe mich zu dem Entschluß durchgerungen, an Gott zu glauben, ich will mich nicht mehr wehren.« In diesem Wollen liegt dann ein Stück Einsicht: »ich bin zu diesem Entschlusse gekommen« heißt hier: ich habe mich entschlossen, anzuerkennen, vor mir selbst zuzugeben, wie tief die Änderung ist, die in mir bereits vor sich gegangen ist. Es ist etwa so, wie wenn ich mir, nach langen inneren Kämpfen, eingestehe, daß ich ein Wesen, das ich zu lieben glaube, nicht mehr liebe: zu diesem Klarmachen gehört *Mut* – es ist kein rein intellektueller Vorgang – und dieses Sichdurchringen zu der Einsicht, die Überwindung der Widerstände, die auf dem Wege liegen, ist es, das mich das Wort »Wille« wählen läßt. So ist es auch im Falle des Gottesglaubens. Ich kann nicht recht sagen, daß ich an Gott glauben *will*, sondern eher, daß ich entschlossen bin, anzuerkennen, daß ich bereits an ihn glaube. Dieses letztere Moment – das Zusammenbrechen meines Widerstandes und der Entschluß, der Tatsache ins Auge zu blicken – ist *mein* Wille: es ist nicht etwas Fremdes, das da auf mich zukommt und über mich Macht gewinnt. Es kann demnach mein eigenster persönlicher Wille sein, meinem veränderten inneren Zustand ins Auge zu schauen, oder mich dem Glaubensdrange, den ich in mir spüre, hinzugeben; es kann aber auch sein, daß etwas in mir, *gegen* meinen Willen, in dieser Richtung geht, daß ich mit Angst, Mißbilligung, ja Entsetzen beobachte, wie dieser Glaube in mir wächst. Wie vieldeutig die Sprache ist! Diese so verschiedenen Vorgänge werden mit genau denselben Worten »ich will an Gott glauben« ausgedrückt.

»Ich will nicht leben« heißt nicht: »ich will mich umbringen«, sondern etwa: ich lasse mich fallen, ich rufe die bejahenden Kräfte in mir nicht mehr auf, ich setze der süßen Lockung in das Nichtsein keinen Widerstand mehr entgegen. Ich überlasse mich der Strömung, die in den Abgrund zieht. Es kann auch heißen: ich bin müde, ich habe Angst vor dem Morgen, ich habe keine Neugierde und kein Verlangen mehr, ich will die Augen schließen und nichts mehr wissen. Was ist das Wollen daran? Ich glaube, ich bin an einem Kreuzweg gestanden und habe eine innere Entscheidung gefällt: es ist eine Ablehnung der lebensgläubigen, erneuernden Kräfte, ein Schlußmachen mit allen Versuchen, es sich noch erträglich einzurichten, ein Wegschieben alles dessen, was mein Interesse gefangennehmen und mich ködern könnte. Und wieder dieser merkwürdige Zwiespalt: das Nicht-mehr-leben-Wollen kann von *mir* ausgehen, als eine Ablehnung der werbenden Kräfte, (Goethe hat sie zu Beginn von Faust II dargestellt) oder es kann aus meiner Tiefe aufsteigen und mir nur bewußt werden als ein Hang, der bereits in mir sitzt.

»Ich will in die Vergangenheit zurück«: Ich will nicht in der Gegenwart oder der Zukunft leben, ich bin alledem abgekehrt, mein Auge ist nach rückwärts gewendet, ich gebe der Forderung der Stunde kein Gehör. Wieder ein

Sichabschließen, Sichhartmachen, gegen alles das, was wirbt; und wieder ein Wille, das wegzuschieben, sich nicht einfangen zu lassen, und was noch an Teilnahme da ist, sich aus dem Herzen zu reißen. Aber dieser Wille erhebt sich auf dem Hintergrund einer düsteren und traurigen Stimmung, aus der die Farbe der Hoffnung verschwunden ist. Ohne diese Stimmung wäre der Wille nicht echt. Es gibt also Willenserlebnisse, *die eine gewisse Stimmung voraussetzen*, welche zu ihrem Wesen gehört.

»Ich will nicht wollen«: Das klingt wie ein Selbstwiderspruch. Denn ich *will* doch etwas, nämlich das Nichtwollen? Aber es heißt wieder: ich will mich nicht mehr dazu verführen lassen, auf etwas hinzuarbeiten, Ziele zu verfolgen und Anstrengungen zu unternehmen, das Leben hat seinen Kredit verloren, ich ziehe mein Interesse von alledem ab. »Ach, ich bin des Lebens müde – was soll all der Schmerz und Lust?« Es kann aber auch etwas ganz anderes heißen, nämlich: ich bin zu der Einsicht gekommen, daß sich nichts übers Knie brechen läßt, daß man die entscheidenden Dinge nicht erzwingen kann; und jetzt *will* ich nicht mehr den Willen einsetzen, ich will nichts forcieren, ich will abwarten oder es langsam in mir wachsen und reifen lassen. Eine solche Absage an das bewußte Wollen und Führen könnte sich auch in die Worte kleiden: »Ich will nicht wollen.« Dieser Wille setzt nicht notwendig eine düstere Stimmung voraus: er kann ja einfach bedeuten: ich habe die Absicht, das Wollen für eine Weile aussetzen zu lassen.

»Ich will« kann auch heißen: ich bin einverstanden. »Ich will diese gegenwärtige internationale Verwicklung, die auf eine Katastrophe zusteuert« heißt: ich billige sie, sie deckt sich mit meinen Wünschen, ich lehne mich nicht dagegen auf, ich finde, daß diese Welt wert ist, zugrunde zu gehen.

4
Bin ich Herr im eigenen Haus?

Kann ich meinen Gedanken gebieten? Bin ich Herr im Haus? Ich kann sie rufen; ich kann sagen: ich will mir das jetzt einmal überlegen; ich kann mich einem Gedanken überlassen, ihm nachhängen; aber oft sagen wir, daß wir die Gedanken »schweifen lassen«, sie tragen uns davon, wohin sie wollen, – wohin wir vielleicht nicht wollen? Es gibt quälende Gedanken, wahre Plage[g]eister, die wir abzuschütteln suchen. Wir schließen die Augen, machen eine Bewegung der Ungeduld – wir wollen nicht an sie denken. Es gelingt uns auch, wenn wir wach sind und unsere Aufmerksamkeit anders verteilen können. Aber im Zustande der Ermüdung, im Kranksein, vor dem Einschlafen sind sie wieder da. Wir versuchen an etwas anderes zu denken, aber kaum haben wir uns drei Schritte in der neuen Richtung bewegt, so hat sich die Bewegung so merkwürdig geändert, daß wir, Gott weiß wie, wieder auf den Spuren der alten Gedanken sind. Oder stellen es die Gedanken so listig an, daß sie durch einen harmlosen Vorwand, durch eine Assoziation mit dem, woran wir gerade denken *wollen*, in die Zitadelle des Bewußtseins dringen? Wir verscheuchen sie wieder, und das Spiel beginnt von neuem. Es entsteht auf der inneren Bühne ein Kampf zwischen mir und den Gedanken, ich versuche mich ihnen zu entziehen, ich möchte schlafen; vergeblich! Da sind sie wieder, zum x-tenmal, um ihren verwünschten Kreislauf zu beginnen. Ich muß dem zusehen, wehrlos, obwohl ich weiß, daß dieses Denken nutzlos ist, daß ich all diese Gründe und Gegengründe durchdacht und wieder durchdacht habe, daß absolut nichts Neues zu Tage zu fördern ist. Und doch! Die Gedanken fallen über mich her, sie sind die Verfolger, ich bin das Wild, es ist wie im Zirkus, wo die Pferde immer dieselbe Bahn traben, sie lassen nicht ab, bevor ich überdrüssig und müde noch einmal dieselben Wege gegangen bin. Und ähnlich ergeht es mir im wachen Zustande, wenn ich unter dem Einfluß eines Affektes stehe, wie Furcht, Zorn, Sorge: ich kann die Gedanken nicht unterdrücken, wie von einer unsichtbaren Quelle überschwemmen sie das Bewußtsein. Bin ich also Herr im Hause?

Wer hat nicht unter der Qual eines Gassenhauers gelitten, der wie eine lästige Bremse im Ohr summt und sich nicht verscheuchen läßt? Und welche Pein bereitet es, wenn die Jagd auf einen vergessenen Namen beginnt. Es mag sein, daß wir gar kein Interesse an dem Namen nehmen, daß wir uns längst etwas anderem zugewendet haben – aber eine innere Unruhe ist über uns gekommen, die Suche geht weiter. Wir sagen uns hundertmal, daß uns an dem vergessenen Namen nichts liegt – aber gerade die Tatsache, daß er vergessen ist, macht ihn zu einem Kobold, der uns von seinem Hinterhalt aus peinigt. Die innere Jagd hat begonnen, fördert Einfälle zutage, Brokken von Worten, von Klängen, die wir wieder verwerfen. Es ist, als ob uns etwas foppe, unbestimmt etwas hinhalte, wie zum Versuch, eine Silbe, etwas am Rhythmus, wir wissen nicht was, aber es läßt nicht locker – wir haben das Suchen aufgegeben, aber das gesuchte Wort sucht uns heim. Sind wir also Herren im Hause?

Und die Erinnerungen! Es gibt eine Art von Erinnerungen, über die wir keine Macht besitzen; sie durchbrechen einen Gedankengang, wie ein plötzliches Aufblinken eines Flusses, während er ruhig dahinströmt, ich überlege mir etwa die Konsequenzen einer Annahme, und plötzlich steht das Bild einer gewissen Straße, eines Platzes, eines Waldweges vor mir, so deutlich mit allen Einzelheiten, daß ich es malen könnte; und gleich darauf ist es vorbei, und der Gedankengang geht weiter. Was war das eigentlich? Es ist, als ob sich einen Moment lang etwas dazwischen geschoben hätte, etwas Fremdes, Ungerufenes. Bin ich also Herr im eigenen Hause?

Nun nehmen wir einen anderen Fall. Ich denke nüchtern über etwas nach. Aber bin ich eigentlich der, der die Gedanken leitet? Weit gefehlt! Die Gedanken schließen sich aneinander nach ihren inneren Gesetzen. An einen Gedanken fügt sich, ganz ohne mein Dazutun, ein anderer, der mit ihm sachlich verbunden ist, ich habe gar nicht das Gefühl, daß »ich sie mache«. In der Tat, könnte ich denn in den Gedankengang willkürlich eingreifen, könnte ich ihn irgendwo hemmen, oder steht es mir überhaupt nur frei, zu denken, was ich will? Die einfachste Beobachtung muß zeigen, wie illusorisch das ist. Ich kann – vielleicht – meine Aufmerksamkeit abziehen; ich kann – vielleicht – mich sammeln; ich kann Hindernisse aus dem Wege räumen, die der Welt des Raumes angehören, ich kann mich in mein Zimmer zurückziehen, die Türe abschließen etc. Aber das ist alles. Das Gute, Beste, das Entstehen der Gedanken nach Willen leiten, das kann ich nicht. Ich überlasse mich ihnen, ich bin eigentlich nur die Bühne, auf der sie sich ereignen. Die Lösung einer geistigen Aufgabe, sagt Musil, vollzieht sich »nicht viel anders, wie wenn ein Hund, der einen Stock im Maul trägt, durch eine schmale Tür will; er dreht dann den Körper so lange links und rechts, bis der Stock hindurchrutscht, und ganz ähnlich tun wir's ... und wenn ein kluger Kopf natürlich auch weit mehr Geschick und Erfahrungen in den Drehungen hat als ein dummer, so kommt das Durchrutschen doch auch für ihn überraschend, es ist mit einemmal da, und man kann ganz deutlich ein leicht verdutztes Gefühl an sich wahrnehmen, daß sich die Gedanken selbst gemacht haben, statt auf ihren Urheber zu warten«.[1]

Und wie ist es, wenn ich eine Entdeckung mache? Das hängt gar nicht von mir ab. Ich habe mir vielleicht die größte Mühe gegeben, über ein Problem nachzusinnen und die Schwierigkeiten hin und her gewälzt – aber kein Weg will sich zeigen. Da – vielleicht im unruhigen Schlaf, in einer Pause, während ich aufkomme – steht er deutlich vor mir, ungesucht, und ich weiß sofort, daß es *der* Weg ist. Oder am Morgen, nach tiefem Schlaf, ist die Lösung da, fix und fertig, wie Pallas Athene aus dem Haupt des Zeus entsprungen. Wer kann sagen, wie das zugeht? Ich habe nicht einmal das Gefühl, daß es *mein* Werk ist; der Gedanke ist irgendwie hereingeschneit – ein Gast aus einer anderen Welt: war er schon irgendwo, bevor ich ihn dachte? Oder ich denke über eine schwie-

1 Robert Musil, *Der Mann ohne Eigenschaften*, hrsg. von A. Frisé, T. 1, Kap. 28, Reinbek bei Hamburg: Rowohlt, 1970, S. 112.

rige Frage nach, komme nicht weiter, gebe es auf und denke seit Jahren nicht mehr daran. Und plötzlich, ohne daß ich mich bemüht hätte, sehe ich das Ganze in einem neuen Licht. Auf einmal wird es mir klar, was mich immer gehindert hat, es »fällt mir wie Schuppen von den Augen«; wie hatte ich nur die ganze Zeit so blind sein können, daran vorbei zu gehen? Ich wundere mich über die Leichtigkeit der Lösung ebensosehr wie über meine eigene Dummheit. – Kann man einen Witz machen nach Gefallen? Kann man einen Einfall rufen?

»Es ist doch eigentlich nicht sein Verdienst, daß ihm das eingefallen ist. Die Gedanken sind eben in seinem Kopf zusammengetroffen.« – Aber warum haben sie gerade diesen Ort dazu gewählt? Wenn mir heute nichts einfällt, könnte ich sagen: kein Empfangstag. Aber wie soll ich wissen, ob ich den Gedanken nicht empfange, oder ob er mich nicht empfängt?

Ich bin müde, gerade im Begriffe einzuschlafen, da kommt mir ein Einfall, eine sehr interessante Idee, und drängt sich in mein Bewußtsein. »Oh, zu einer so ungewohnten Stunde?« sage ich, »hat es nicht bis morgen Zeit?« Nein, der Einfall hat sehr weitreichende Konsequenzen, er bedroht mein ganzes Überzeugungssystem von verschiedenen Richtungen her, er breitet sich aus, ich *muß* mich mit ihm beschäftigen, trotz meiner Müdigkeit, ich bin vollends wach geworden und muß auf ihn eingehen. Was für eine Unverschämtheit, mich mitten in der Nacht aufzustören und zum Frondienst zu zwingen! Wie Kafka sagt: »Jetzt kommt ihr, schlechte Gedanken, weil ich schwach bin, gerade jetzt wollt ihr euch durchdenken lassen. Nur darauf, was euch wohl tut, habt ihr es abgesehen. Schämt euch. Kommt ein andermal wieder, wenn ich kräftig bin. Nützt meinen Zustand nicht so aus.« Bin ich also Herr im Haus?

Wie ist es, wenn mir ein poetischer Einfall kommt? Manchmal fühle ich es herannahen, es ist ein quälendes Drängen in der Brust, es ist, als ob etwas von mir Beschlag genommen hätte, und ich strenge mich an, das, was ich da fühle, aus der Tiefe heraufzupumpen. In anderen Fällen kommt's ganz unerwartet. Ich bin beim Rasieren und schaue in den Garten; ein Sonnenstrahl fällt auf einen Baum und webt einen Schimmer um ihn, eine Tönung des Himmels berührt mich traumhaft – und plötzlich sind Verse da, wie bunte, schillernde Blasen aus einer anderen Welt; ach, und manchmal ist es nur ein verstümmelter Anfang, oder einige Worte, die sich verlieren, dann eine Strecke weit Nebel und dann wieder eine Stelle, die sich klar heraushebt; und wenn ich die Einfälle nicht sofort niederschreibe, sind sie weg, wie Forellen, die einem entschlüpft sind und einen zurücklassen mit den leeren Händen, die man mit Erstaunen betrachtet.

Und, was das merkwürdigste ist, der Rhythmus des Gedichtes, das in das Sein drängt, steht ganz fest, bevor noch der umkleidende Wortklang gefunden ist. Ich lausche einer inneren Stimme, ich bin ganz Ohr, es ist, als ob ich unter einem Diktat stünde – nein, es ist nicht ganz so, zwei, drei Verszeilen stehen vor mir, dann hört es auf, aber ich ahne, in welche Richtung es geht und suche es heraufzubeschwören; manchmal gelingt es, die Inspiration kommt in Pulsschlägen; manchmal ist es vorbei, ich probiere, wähle, verwerfe wieder, suche mich dem inneren Gesicht hinzugeben – aber die Stimme schweigt. (Wie gut ich jetzt verstehe, was an einem Gedicht echt,

Sache der Eingebung ist, wie weit der Schwung der Inspiration getragen hat, und was vom Dichter dazugemacht, angestückelt ist. Man sieht so genau die Naht, wo die beiden Teile eines Gedichtes zusammengeheftet sind – die armen Literaturhistoriker, sie haben keine Ahnung von ihrem Metier.)
Unterstehen also die Gedanken meinem Willen? Bin ich Herr im Hause?

5
[*Merkmale des Wollens*]

Man kann, sehr grob genommen, zwischen zwei Arten des Wollens unterscheiden: entweder der Wille richtet sich *direkt* auf das Gewollte, ohne Einschiebung oder Vermittlung von etwas Drittem; ich will meinen Arm bewegen ist ein Beispiel dafür. Oder der Wille *kommt gar nicht direkt* an sein Objekt heran, sondern zieht an einem Hebel, von dem ich glaube oder zu wissen meine, daß er das Gewollte herbeiführen werde. In den Willen geht dann wesentlich ein Bild ein, das ich mir von der ursächlichen Verknüpfung der Dinge mache; genauer gesagt, der Umfang dessen, was ich Wille nenne, hängt von den Vorstellungen ab, die ich mir von dem Kausalzusammenhang in der Welt mache und wird sich mit diesen Vorstellungen ändern, verschieben, ausdehnen oder zusammenziehen. »Ich will diesem Menschen eine Lehre erteilen«, »Ich will die Regierung stürzen«. Ich kann das nur wollen, wenn es in meiner Macht steht, oder richtiger, wenn ich die Auffassung habe, daß es in meiner Macht steht; sonst ist es nur ein ohnmächtiger Wunsch. Um ein extremes Beispiel zu nehmen, wenn ich – wie manche Menschen im Mittelalter – glaube, durch gewisse Beschwörungen den Willen Gottes zwingen und so in das Rad des Schicksals eingreifen zu können, so kann sich mein Wille auf so gut wie alles erstrecken; oder richtiger gesagt, was ich in dem Fall wollen kann, oder wovon ich *meine*, daß mein Wille darauf Einfluß hat, wird von der Vorstellung abhängen, die ich von Gottes Allmacht habe, ob ich z. B. glaube, daß er Geschehenes ungeschehen machen kann etc. Es wird dann sogar den Fall geben, daß sich mein Wille auf die Vergangenheit richten und sie abändern will. Oder ich mag glauben, daß das, was in mir vorgeht, meine Erlebnisse und Gedanken, nicht ohne Einfluß ist auf das, was sich draußen in der Welt zuträgt; und zwar nicht in dem Sinne, daß etwa meine Gedanken, durch Mitteilung an andere, den Lauf der Dinge beeinflussen, sondern, daß das bloße *Dasein* derselben in einem geheimnisvollen und undurchschaubaren Zusammenhang steht mit dem großen Geschehen in der Welt, daß das, was in mir lebendig ist, und was meinem Willen untersteht, etwas an dem Geschehen der Welt mitverändert. Habe ich eine solche Ansicht, ob zu Recht oder zu Unrecht, so wird wieder die Sphäre meines Willens sehr erweitert sein im Vergleich mit dem normalen Fall. Denken wir hier an das typische Erlebnis, das Kinder haben, wenn sie etwa am Fenster stehen und in das Schneetreiben draußen hinausblicken: sie bilden sich ein, mit dem Schneefall nach Willen kommandieren zu können, sie sagen sich: »Jetzt soll's wirbeln, jetzt nur einige wenige Flocken; jetzt rasch, jetzt langsam.« Das ist das, was Freud die »Allmacht der Gedanken« nennt und was ein Bestandteil des Weltbildes der Primitiven zu sein scheint.

Nun nehmen wir den entgegengesetzten Fall: jemand – etwa einer, der an eingebildeten Vorstellungen leidet – glaubt, daß er einen gelähmten Arm hat und ihn nicht bewegen kann; mit diesem Glauben ist auch sein Wille aufgehoben: er kann nicht einmal mehr den Arm ausstrecken *wollen*; er traut sich's nicht zu, und damit hat sein Wille aufgehört. – Hier sieht man, wie der Wille abhängt von den Überzeugungen, die wir hegen von dem, was in unserer Macht steht. Ganz so einfach ist übrigens die Sache nicht. Denn kann er nicht wenigstens eine *Anstrengung* machen, den vermeintlich gelähmten Arm zu bewegen? Darauf ist die Antwort schwer. Worin besteht es, eine »Anstrengung machen«? In dem Aussenden einer Innervation zu den Muskeln? oder in dem Zurseiteschieben der Vorstellung, daß ich den Arm nicht bewegen kann? Ferner: wie soll ich feststellen, daß ich einen Reiz vom Gehirn in die Muskeln des Armes aussende? Gibt es etwa ein spezifisches Innervationserlebnis, das mich dessen versichert? Und wie weiß ich, ob ich durch mein Bemühen wirklich für einen Augenblick die Vorstellung zur Seite schiebe, daß ich den Arm nicht bewegen kann und ob ich mich darin täusche? Und schließlich: Ist »eine Anstrengung machen« nicht so viel wie »den Willen aufbieten«? Oder gehört zum Wollen noch etwas mehr, nämlich die tatsächliche Bewegung? Wenn ich sage: »Der Wille ist die Tat«, ist die Tat die wirkliche Bewegung des Armes oder ist sie genau genommen der Nervenreiz, der vom Zentrum in die Peripherie hinausgeht? Das ist eine weitere Unbestimmtheit, die sich im Begriff des Willens findet.

Wenn ich sage, daß er doch eine Anstrengung machen kann, den vermeintlich gelähmten Arm zu bewegen, so setzt das voraus, daß er einen *Versuch* machen kann, ihn zu bewegen. »Den Versuch machen« scheint weniger zu sagen als »eine Anstrengung machen«; es fehlt jeder Hinweis auf eine Energie, mit der der Versuch unternommen wird, der aus dem Wort »Anstrengung« herausklingt. Stellen wir daher einmal die Frage so: *wann* kann er den Versuch unternehmen? Der Herzschlag hängt nicht von meinem Willen ab; kann ich nun den Versuch unternehmen, den Herzschlag zu beschleunigen? Ja, was soll ich denn da tun, wie soll ich es anfangen, in welcher Richtung soll ich meine Gedanken oder mein Bemühen konzentrieren? Soll ich etwa versuchen, das Klopfen meines Herzens zu beobachten und – ja und was? Ich kann vielleicht *wünschen*, daß mein Herz schneller schlagen möge, ich mag erwarten, daß durch das Konzentrieren auf den Herzschlag es auf einmal anfangen werde von selbst schneller zu schlagen – aber heißt das »den Versuch unternehmen«? Kann ich ins Blaue hinein versuchen, oder muß ich, wenigstens ungefähr, schon *wissen*, in *welcher Richtung* ich zu suchen habe? Kann ich versuchen meine Ohren zu bewegen, wenn ich nicht weiß, wie es getan wird? Ich werde vielleicht das Gesicht auf alle erdenkliche Weise verziehen, in der Erwartung, daß durch irgendeine Bewegung sich mein Ohr »von selbst« bewegen werde. Heißt das Suchen? Oder kann ich nur da von Suchen sprechen, wo ich den *Weg* kenne, der zum Gesuchten führt? Der Begriff des Suchens hat einen verschwommenen Rand, und daher auch der Begriff der Anstrengung und der des Willens. Kann ich nur etwas wollen, wenn ich weiß, »in welcher Richtung ich zu wollen« habe? Setzt der Wille einen Weg voraus? Oder kann ich blindlings wollen, ohne eine Ahnung, wie ich es anzustellen habe, auf das Gewollte zuzugehen? Sei dem wie immer, es kann keinem Zweifel unterliegen, daß ein Patient, der an der Einbildung krankt, seinen Arm nicht bewegen zu können, doch den *Versuch* unternehmen kann, ihn zu bewegen; denn er weiß sehr wohl – aus Erfahrung an dem anderen Arm oder aus Erinnerung – wie er es anzustellen hat. Er trägt sozusagen ein Schema der verschiedenen Körperbewegungen in sich und ist daher gegenüber der Aufforderung, seinen Arm zu bewegen (oder es wenigstens zu versuchen), in einer wesentlich anderen Lage als wir gegenüber der Aufforderung, das Herz schneller schlagen zu lassen oder zu niesen. Noch ein Moment scheint dabei eine Rolle zu spielen: Zu dem, was man normalerweise wollen nennt, gehört es auch, daß man afferente Reize vom Organ her bekommt, und zwar fortwährend. Wenn ich mit der Hand etwas ergreifen will, so setzt das voraus, daß ich meine Hände fühle, »ein Gefühl in ihr habe«, das heißt, daß ständig Botschaften von der Hand im Bewußtsein eintreffen. Wenn ich kein Gefühl in der Hand mehr hätte, dann fragte es sich wieder, ob ich noch von wollen sprechen kann.

Wer einen Arm verloren hat, kann immer noch das Erlebnis haben, mit diesem Arm etwas greifen zu wollen; die motorischen Impulse sind da und auch die afferenten Reize; d. h. er hat noch immer ein Gefühl in dem nicht mehr existierenden Arm. – Wie aber, wenn ein Mensch, der gelähmt ist, viele Jahre in diesem Zustand verbracht hat – kann er dann noch immer die Glieder seines Leibes bewegen wollen? Er kann den Versuch, vielleicht eine

Anstrengung machen, ja; aber ist das genug? Muß er nicht auch das *Zutrauen* haben, die Bewegung ausführen zu können? Hier entstehen Grenzfälle: Einige von den Momenten, die den Willen ausmachen, sind vorhanden, andere fehlen. Die Momente, die normalerweise vorhanden sind, scheinen die folgenden zu sein:

a) Ich habe ein Schema der Körperbewegung in mir, ich weiß, was ich zu tun habe, wenn ich das Glied bewegen will. (Worin besteht dieses Wissen?)
b) Ich habe ein Gefühl in dem Organ, u. zw. fortwährend, es fließen Reize von dem Organ ins Bewußtsein.
c) Motorische Impulse sind da. (Ob sie ein spezifisches Erlebnis ausmachen?)
d) Ich habe den Glauben, das Organ bewegen zu können; »Glaube« kann dabei bedeuten: ich setze es stillschweigend voraus, ohne darüber weiter nachgedacht zu haben, d. h. mir ist überhaupt nie der Gedanke gekommen, daß ich es nicht kann; ich traue es mir zu, ich sage mir etwa ermutigend: »Du kannst«.
e) Ich erlebe ein Gefühl der Anstrengung, der Überwindung eines Widerstandes.
f) Ich bin mir der Bewegung, die ich im Begriffe bin auszuführen, bewußt, meine Aufmerksamkeit ist darauf gerichtet. »ich weiß, was ich will«.
g) Ich bin mir bewußt, daß der Wille *von mir* ausgeht, daß ich nicht das Instrument einer anderen Macht bin, die meinen Körper nur benutzt wie eine Marionette, um eine Bewegung hervorzubringen.
h) Die Bewegung wird wirklich ausgeführt: ich sehe die Bewegung und habe die entsprechenden Muskel- und kinästhetischen Empfindungen.

Im Lichte dieser Analyse muß ich den Satz »der Wille ist die Tat« modifizieren: die im Satz genannte Bedingung ist weder notwendig noch hinreichend; sie ist nicht notwendig, denn ein Mensch, der einen Arm verloren hat, kann diesen Arm bewegen wollen, obwohl es nicht zur Ausführung der Bewegung kommt (a, b, c, e, f, g); sie ist nicht hinreichend, denn ich tue vieles in automatischer Weise, ohne daß man dabei von wollen sprechen könnte (a, b, c, d, h).

Richtig daran ist nur so viel, daß in vielen Fällen die wirkliche Ausführung das Kriterium ist, welche das Wollen vom Wünschen trennt. Aber selbst das stimmt nicht ganz. Setzen wir den Fall, ich will mir die Züge eines abwesenden Menschen ins Gedächtnis zurückrufen. Gelingt es mir nicht, so wird man sagen, ich habe eben nur den *Wunsch* gehabt. Wie aber, wenn es mir glückt und ich jenen Menschen wirklich im Geiste vor mir sehe? Soll ich dann sagen, die Vorstellung sei die Tat? Das wäre sehr gezwungen. Und wie ferner, wenn ich sage: »Ich will jetzt meine Gedanken auf das und das konzentrieren«? Soll ich den Denkvorgang eine Tat nennen?

Hätte ich in der Aufzählung der Momente, die im Willen enthalten sind, nicht auch erwähnen sollen, daß der Wille *motiviert* ist? Das führt auf die Frage: kann ich etwas wollen ohne Motiv? Kann ich mir nicht etwas vornehmen, ohne auch nur das geringste Motiv dafür zu haben? Ich will jetzt z. B. meinen kleinen Finger bewegen; ich tue es; aber ich habe gar kein Motiv dazu; ich habe es einfach getan, um mir zu beweisen, daß ich etwas ohne Motiv tun kann. »Aber damit hast du ja selbst das Motiv genannt, aus welchem du es tatest.« Ja, das ist wohl ein

Motiv, wenn auch ein seltsames. Wie aber, wenn ich den Finger bewege, weil mich eben die Lust anwandelt? Dann ist wohl kein Motiv da; aber ist es eine Willenshandlung? Nehmen wir an, ich habe mich in einem Gespräch zu gewissen erregten Äußerungen hinreißen lassen. Hatte ich ein Motiv dazu? Vielleicht hatte ich kurz vorher selbst nicht gewußt, was ich sagen werde? Vielleicht kommt die Heftigkeit der Worte mir selbst unerwartet? Der wahre Hergang ist vielleicht der: Ich spürte während des Sprechens – und im Zusammenhang mit dem, was ich sagte – eine gewisse Erregung in mir aufsteigen und anschwellen, die sich schließlich in jenen Worten entlädt. Das ist alles, was mir bewußt ist; ist das nun ein Motiv? – Wie ist es, wenn ich einer Versuchung nachgebe, oder, wie impulsive Menschen, einem augenblicklichen Einfall, dem ich nicht widerstehen kann – z. B. einen an den Haaren zu zupfen, in einem unpassenden Augenblick in Lachen auszubrechen, einen Gegenstand zu beschädigen oder sonst etwas Unsinniges zu tun? Wir sagen dann: »Ich weiß nicht, warum ich es tat, es überkam mich plötzlich, etwas drängte mich, das zu tun; etwas trieb mich, das zu sagen.« Sind das Fälle von wollen? (Die Frage des unbewußten Wollens verschieben wir auf später.)

6
Wollen und Wünschen

Gehört es zum Begriffe des Gewollten, immer auch ein Gewünschtes zu sein? Ich kann etwas wünschen, ohne daß ich es will, etwa weil ich mir den Wunsch versage. Aber kann ich etwas wollen, ohne es zu wünschen? Oder schließt das Wollen seinem Wesen nach ein Wünschen in sich? Man könnte sagen: »Du willst es doch; also wünschest du es.« Folgt das zweite aus dem ersten? Nehmen wir an, ich bin ein Richter und habe über einen Menschen, den ich zufällig persönlich kenne und schätze, ein Urteil zu fällen; die Sachlage ist die, daß seine Schuld erwiesen ist und ich ihn nach dem Gesetz zu verurteilen habe. In diesem Falle wünsche ich gar nicht, ihn zu verurteilen, ich wünschte aus ganzer Seele, daß er unschuldig wäre und daß ich ihn freisprechen könnte. Aber ich folge meiner Pflicht und verurteile ihn. Ist das der Ausfluß meines Willens? Nun, mir ist kaum eine Wahl gelassen. Vielleicht geht mein Wille nur dahin, nicht gegen meine Pflicht zu verstoßen, und die Verurteilung folgt aus diesem Entschluß »ob ich es will oder nicht«, das heißt unabhängig von meiner persönlichen Neigung. Aber kann man hier noch von einer Willenshandlung sprechen? Gesetzt, ich fehle in meiner Pflicht und spreche ihn frei – das wäre eine Willenshandlung: ich hätte etwas getan, einen Widerstand, den Gewissensdruck, überwunden, es hätte mich eine gewisse Anstrengung gekostet – kurzum, ich hätte gewollt. Nun setzen wir wieder den Fall, ich mache einen gewissen Kampf durch, bin von widerstreitenden Kräften hin und hergerissen und ringe mich schließlich zu dem Entschluß durch, gegen die Verlockungen, die zum Freispruch meines Freundes raten, taub zu sein und ihn zu verurteilen – dann habe ich wieder gewollt. Aber wenn ich ohne innere Anfechtungen einfach meiner Pflicht genüge und nur der korrekte Richter bin – dann ist es gar nicht zu einem Wollen gekommen. Wenn ich mich entschließe, ihn freizusprechen, dann geht mein Wollen in die Richtung meines Wünschens; wenn ich, nach einem inneren Konflikt, beschließe, ihn zu verurteilen, dann geht das Wollen *gegen* das Wünschen. Oder doch nicht? Könnte ich in dem Falle nicht sagen: ich hatte zwar den Wunsch, meinen Freund freigesprochen zu sehen, aber ich hatte noch einen zweiten und stärkeren Wunsch, nämlich der beschworenen Pflicht treu zu bleiben, und meine Willensentscheidung ist eben diesem stärkeren Wunsch gefolgt? Dann wäre mein Wollen im Einklang mit meinen Wünschen gewesen. Wie soll ich nun entscheiden, *was* ich in dem Falle wünschte, ob ich einen oder zwei Wünsche hatte? Es *mag* sein, daß ich Überlegungen anstelle von der Art: »Ich wünsche, mir meine Selbstachtung zu erhalten; wenn ich ihn freispreche, würde ich sie verlieren, oder mir eine Disziplinaruntersuchung auf den Hals ziehen, etc.« Aber im allgemeinen scheint mir, wird man nicht so denken. Die Entscheidung, vor die ich gestellt werde, ist nicht die, was ich eher möchte, meinen Freund freisprechen, oder ein gutes Gewissen behalten. Die Situation ist eher die: auf der einen Seite ist das unerbittliche Soll, die Pflicht, auf der anderen meine Neigung. Ich suche nicht zwei Wünsche gegeneinander abzuwägen, sondern ich erlebe einen Konflikt zwischen Wunsch und Pflicht. Daß ich meine Selbstachtung bewahren möchte oder in Gefahr bin, sie zu verlieren, ist ein zusätzlicher Gedanke, der nicht unmittelbar im Vordergrund meines Bewußtseins steht. Ich frage nicht: »Wünsche ich etwas zu tun, von dem ich weiß, daß es mich meine Selbstachtung kosten oder mir andere unliebsame Konsequenzen eintragen wird?« Sondern: »*Darf* ich das tun?« Zu diesem *primären* Gedanken können dann noch *Wunschgedanken* kommen und ihn verstärken – aber sie machen nicht das Wesentliche aus. Was mich beherrscht, ist der Gedanke, ob ich das tun soll, was ich *möchte*, oder das tun soll, was ich *soll*. Die Erwägungen bezüglich meiner eigenen Person sind dabei nicht so relevant; sie *mögen* zu Worte kommen, aber es erscheint mir eine Verfälschung des Tatbestandes, wenn man sagen wollte, daß hier ein Konflikt zwischen zwei Neigungen vorliegt – einer altruistischen Neigung für meinen Freund und einer egoistischen Neigung für die Erhaltung meiner eigenen Integrität. Wenn das letztere richtig wäre, dann wäre ich ja moralisch verdammenswert – nämlich ein Egoist –, wenn ich als Richter meine Pflicht erfülle, und moralisch preiswürdig, wenn ich meine Pflicht versäume. Daß *dies* die Konsequenz ist, wirft ein Licht auf die Deutung, daß ich im Grunde meiner Neigung folge, wenn ich meine Pflicht erfülle.

Das Wollen kann also gegen das Wünschen gehen. Ich kann etwas wollen, das ich wünsche; ich kann etwas wollen, das ich nicht wünsche.

Kann ich wollen, daß ich etwas wünsche? Kann ich das Wünschen selbst wollen? Ich glaube, es heißt nichts zu sagen: »Ich will wünschen«, es sei denn in Redensarten wie: »Er steht vor der Tür; laß ihn doch herein, er will dir etwas Gutes wünschen«, was etwa heißt: »Er will dir einen Glückwunsch sagen.« In der Umgangssprache kann man ja zur Not sagen »ich will mir das und das wünschen« als eine Umschreibung für »ich wünsche mir das und das«, vielleicht mit dem Nebengedanken, daß der Wunsch noch nicht ganz fest ist. Aber abgesehen von solchen uneigentlichen Verwendungen hat es wohl keinen Sinn, den Willen auf ein Wünschen ausgehen zu lassen. Der Wille kann verschiedenes zum Gegenstand haben, aber nie einen Wunsch.

Kann sich der Wunsch auf den Willen richten? Kann man sagen: »Ich wünsche zu wollen«? Nehmen wir an, ich leide an Willenslosigkeit, in dem Sinne, daß mir jedes Wollen schwerfällt, dann könnte ich in bezug auf mich sagen: »Ich wünschte, daß ich wolle« in dem Sinne: »Ich wünschte mir Willenskraft.« Ein Wunsch *kann* also den Willen zum Gegenstand haben.

Kann ein Wunsch einen anderen Wunsch zum Gegenstand haben? Kann ich sagen: »Ich wünsche zu wünschen« – oder ist das Unsinn? Gebräuchlich ist diese Ausdrucksweise nicht. Doch kann ich mir vorstellen, daß ich sage: »Ich habe keine Wünsche; das ist eben das Traurige in meinem Zustande; ich wünschte, wünschen zu können oder irgendwelche Wünsche zu haben.« Ist das ein Selbstwiderspruch? Ich sage in einem Atem, daß ich keine Wünsche habe und doch etwas wünsche, nämlich Wünsche zu haben. Aber unterscheiden wir genauer zwischen einem konkreten Wunsch, der auf die Erfüllung irgendeines Verlangens gerichtet ist, z. B. »Ich wünsche mir, eine schöne Reise zu machen« – wir wollen sie Wünsche erster Ordnung nennen – und einem Wunsche, der auf das Auftreten von Wünschen gerichtet ist – einem Wunsche zweiter Ordnung. Wenn ich nun sage: »Ich habe keine Wünsche; ich wünschte Wünsche zu haben«, so sage ich genaugenommen: ich habe keine Wünsche erster Ordnung, aber einen Wunsch zweiter Ordnung – und alles ist in Ordnung.

Kann das Wollen auf sich selbst zielen? Kann man sagen: »Ich will wollen«? Nein; das Wollen scheint einen Anlauf zu nehmen und dann ins Leere zu greifen. Wenn ich will, will ich *etwas*; aber dieses etwas kann nicht selbst wieder das Wollen sein.

Die logische Grammatik der Wörter »wünschen« und »wollen« scheint also auf folgende Regeln zu weisen:

> Aus »Ich wünschc A« folgt nicht »Ich will A«.
> Aus »Ich will A« folgt nicht »Ich wünsche A«.

Es ist sinnvoll zu sagen:

> Ich wünsche A und ich will A; ich wünsche A und ich will nicht A.
> Ich will A und ich wünsche A; ich will A und ich wünsche nicht A.
> Ich wünsche A nicht und ich will A nicht.

Es ist legitim zu sagen:

> »Ich wünsche zu wollen.«

Es ist verboten zu sagen:

> »Ich will wünschen.«

Es ist legitim zu sagen:

> »Ich wünsche zu wünschen«,

wenn der Typenunterschied beachtet wird.

Es ist verboten zu sagen:

> »Ich will wollen.«

7
Wollen und Wissen

Wir haben gesagt: zum Wollen kommt es erst, wenn ein *Widerstand* auftaucht, der überwunden wird. Die Anstrengung, die damit verbunden ist, ist ein Teil dessen, was man beim Wollen erlebt. Aber das setzt voraus, daß der Widerstand *erkannt* wird und mir zum Bewußtsein kommt. Wenn ich – um beim einfachen Beispiel zu bleiben, daß ich nach dem Messer greife, das von einem Magnet festgehalten wird – nicht wüßte, daß etwas da ist, das Widerstand leistet, so [käme] es gar nicht zu einem Wollen. Und könnte ich wollen, wenn ich zwar bemerkt hätte, daß sich das Messer nicht aufheben läßt, aber keine Ahnung hätte, was ich tun soll, um den Widerstand zu überwinden? Nehmen wir an, ich wäre in eine Märchenwelt verschlagen, wo das Unerwartetste geschieht: wenn ich versuche, das Messer mit Gewalt aufzuheben, so entfernt es sich oder verschwindet ganz; wenn ich zufällig einen anderen Gegenstand berühre, läßt [er] sich ohne Mühe anfassen; wenn ich nun von den Gesetzen dieser Zauberwelt nicht die geringste Ahnung habe, kann ich dann eigentlich das Messer ergreifen wollen? Wünschen, ja; aber wollen schließt doch in sich, daß ich irgendwie eine Vorstellung von dem Wege habe, der zur Realisierung des Willens führt. *Wollen setzt also eine gewisse Einsicht voraus.* Es setzt nicht voraus, daß ich *ganz genau* weiß, wie das Ziel zu erreichen ist, sondern nur, daß ich ungefähr die Richtung kenne, in die ich zu gehen habe. Man kann ja sagen: »Ich wollte das und das tun; ich probierte es zuerst auf diese und dann auf jene Weise; aber es gelang mir nicht«; und das ist kein Widerspruch.

Zum Wollen gehört also eine gewisse Einsicht; aber nicht zuviel Einsicht! Wir befinden uns, wenn wir wollen, in einer eigentümlichen Situation: wir sehen, was wir wollen, wir sehen auch, vielleicht etwas weniger deutlich, die Mittel, durch die es sich erreichen läßt, und dann übersehen wir noch, allerdings nur mit Wahrscheinlichkeit, einige der nächsten Folgen, die sich daraus ergeben werden; das weitere verliert sich wie in einem Nebel. Dieser merkwürdige Zustand, daß wir nur die nächsten Schritte klar voraussehen und daß dann alles übrige in einem Dämmerlicht liegt, ist für das Wollen sehr bedeutsam. Denn nehmen wir einmal an, daß dem nicht so wäre, daß wir vielmehr die Folgen einer Handlung, bis in die fernste Zukunft, mit vollkommener Klarheit überschauen könnten, sowohl das, was wir billigen wie das, was wir nicht billigen – dann stünden wir da und könnten uns sozusagen nicht rühren; wir könnten keinen Entschluß fassen, weil sich das Pro und Contra in den meisten Fällen aufheben wird, oder weil es uns schwerfallen wird, eine Entscheidung zu treffen, da wir das Bewußtsein haben, das und das, an dem uns viel liegt, durch unser Tun zu opfern. Nur dadurch, daß uns die Zukunft verborgen ist, ist handeln und wollen möglich, der Wille verlangt Unsicherheit. Wenn ich völlig unwissend wäre, könnte ich nicht wollen; und wenn ich allwissend wäre, so daß mein Blick in die fernste Zukunft dringt, so könnte ich wieder nicht wollen. *Das Wollen ist nur möglich an der Grenze zwischen Wissen und Nichtwissen.*

Dasselbe bezeugt übrigens die allbekannte Erfahrung, daß zu genaues Eingehen auf die möglichen Folgen einer Handlung dazu tendiert, den Willen zu schwächen. Das führt auf die Frage: Was ist Willensschwäche? Und was ist ist Willensstärke?

Zunächst: Was ist Intensität des Willens? Ist sie etwas, das man unmittelbar erlebt? Ist sie die Heftigkeit, das Ungestüm, die Leidenschaft des Willens? Oder die Beharrlichkeit, von der es sich erst im Nachhinein zeigen wird, ob sie besteht? Wenn wir von der Beharrlichkeit absehen, so gibt es zwei verschiedene Momente, die den Willen stark erscheinen lassen: erstens, der Wollende sieht die Handlung und ihre Folgen mehr oder weniger klar vor sich, er sieht alle die Schwierigkeiten, läßt sich aber nicht abschrecken, sondern überwindet die Hindernisse, wie wir sagen würden, mit großer Willensenergie. Der Widerstand, der überwunden wird, ist *ein Maß für die Willensstärke*. Zweitens, das Blickfeld ist eingeengt, so daß man nur das eine sieht, worauf der Wille gerichtet ist, während alle anderen Überlegungen in den Hintergrund gedrängt sind. Dies ist der Fall in der Leidenschaft und bildet einen ihrer wesentlichsten Züge. Der Mensch in der Leidenschaft ist wie in einem Rausch und verliert den Überblick, den Sinn für die Proportionen: es wogt heran in einem ungeheuren Schwalle, alles andere, die Gedanken an die Folgen, ist in dem Augenblick wie weggespült und sein ganzes Wesen ist nur erfüllt von dem einen, das ihn in sich saugt.

Merkwürdig, daß man in diesem heftigen Wollen eigentlich mehr passiv ist. Man sagt ja von einem solchen Menschen, daß er sich der *Leidenschaft überläßt*. Man könnte ebensogut sagen, daß er *sehr heftig will* wie daß er *willenlos* ist – nämlich gegen seine Leidenschaft, und daß die Leidenschaft *in ihm* will. Man könnte also unterscheiden zwischen dem Wollen eines Menschen und der

Leidenschaft, die ihn seines Wesens beraubt und ihn zugleich mit einem heftigen Willen erfüllt. Er ist seines Willens beraubt, insoferne er nicht mehr imstande ist, die Dinge mit nüchterner Klarheit in ihrem gegenseitigen Verhältnis zu sehen und nicht imstande ist, die Gewalten, die ihn im Griff haben, abzuschütteln. Die Steigerung des Wollens geschieht auf Kosten des Gesichtsfeldes, das sich verengt. Der Wille ist ferner nur gesteigert in bezug auf das eine Ziel, das riesengroß, überbetont vor ihm steht; in jeder anderen Hinsicht ist sein Wille nicht gesteigert; während der willensstarke Mensch in *jeder* Lebenssituation zielbewußt vorgeht und die Schwierigkeiten zu besiegen weiß. Intensität des Wollens kann also zwei verschiedene Dinge bedeuten: Willensstärke und leidenschaftlich erregten Willen.

Jeder dieser beiden Zustände hat nun seinen eigenen Gegensatz. Der Gegensatz des starken Willens ist der schlaffe, müde Wille, der es nicht mehr zum Aufbringen der Energie bringt, etwas zu tun, obwohl man vielleicht einsieht, daß es bitter nötig wäre; in diesem Falle besteht eine Unlust, es mit den Schwierigkeiten aufzunehmen, ein Sich-nicht-gewachsen-Fühlen mit dem Kampf, ein sich Dareinergeben, eine Lethargie. Der Gegensatz des leidenschaftlichen Willens ist die Unschlüssigkeit, die vor lauter Sorgen und Zweifeln nicht zum Handeln [kommt;] alle Eventualitäten werden peinlich überdacht, alles Für und Wider mit nicht endender Ausführlichkeit erörtert mit dem Ergebnis, daß sich der betreffende Mensch eben zu nichts entschließen kann. Man könnte sagen, daß in diesem Falle der Wille herabgesetzt wird, *weil* sich eben das Gesichtsfeld sehr erweitert hat.

Diese beiden Arten der Willensschwäche können sich übrigens vereinigen: eine gewisse Lethargie, eine Unlust zu handeln, kann nach dem *Vorwand* greifen, die Handlung und ihre möglichen Folgen allzu kritisch zu betrachten, um sich durch die gedanklichen Schwierigkeiten für das Nichthandeln zu entschuldigen.

Der Gegensatz zur *Beharrlichkeit* ist der *Wankelmut*. Erhebliche Willensstärke kann mit Wankelmut zusammengehen: das gibt die impulsiven Naturen, die sich fortreißen lassen, aber nicht imstande sind, ein bestimmtes Ziel auf längere Zeit festzuhalten, die immer neuen Eindrücken offen sind und ihr Handeln dadurch bestimmen lassen. In diesem impulsiven Wollen liegt noch etwas: eine Schwäche des rationalen Anteiles bei der Willensbildung, ein Zurücktreten des Verstandesmäßigen und Kritischen; weshalb impulsive Menschen selten kritisch denken werden, und der Kritischveranlagte meist kaum impulsiv ist. Der Erfolg eines stark impulsiven Wollens ist ähnlich dem der Willensschwäche, da sich die verschiedenen Aufwallungen oft durchkreuzen und einander im Gesamtresultat aufheben: solche Menschen werden finden, daß sie im Leben »nicht weitergekommen« sind.

Die Intensität des Wollens wird übrigens schwanken: ein willensschwacher Mensch kann sich unter Umständen zu einer erstaunlichen Willensleistung aufraffen, und ein energischer Mensch kann unter Umständen, etwa bei widerstreitenden Motiven, den Eindruck vollkommener Willensschwäche machen. Auch körperliches Befinden, Ermüdung, Sorgen und Befürchtungen spielen dabei hinein. Angst, Furcht kann übrigens eine doppelte Rolle spielen; sie kann das Individuum zu einer gewaltigen

Willensleistung anspornen, zu der es sonst nicht fähig wäre; oder sie kann es in einen gelähmten Zustand versetzen wie das Kaninchen, das von dem Blick der Schlange hypnotisiert ist, und sich nicht rühren kann. Ob die Angst stimulierend oder lähmend wirkt – wovon hängt das ab? Dahin gehört es auch, daß manche Menschen im Anblick der Gefahr ruhig und kalt werden und blitzschnell überlegen, während andere »den Kopf verlieren« und dem Verderben direkt in die Arme laufen. Es scheint also, daß die Angst sowohl den Willen wie die Überlegung entweder lähmt oder anstachelt. Ähnliches gilt wohl auch von Sorge und Schmerz. Vgl. die Redensarten »vor Schmerz versteinert«, »rasend vor Schmerz«.

Die Fälle des leidenschaftlich und des durch Unschlüssigkeit oder durch Angst gelähmten Willens zeigen, daß eine gewisse Einsicht, aber auch eine gewisse Dämmerung zum Handeln gehört, und daß zu viel Klarsicht die Möglichkeit des Handelns aufhebt.

Aber ist es nur die Ungewißheit, die das Handeln möglich macht, oder ist es nicht vielmehr ein gewisser *Glaube*, *ein Zutrauen*, daß das Handeln gute und wünschenswerte Resultate zeitigen werde? Doch wohl das letztere! Dann ist es aber nicht der intellektuelle Mangel an Wissen, das Nichtvorhersagenkönnen der Zukunft, sondern ein positiver Glaube, in dem das Wollen gedeiht. Das Handeln oder Wollen muß von einem gewissen Glauben begleitet sein – dem Glauben, daß das, was man will, eben »das Rechte« ist und schon zum »Guten ausgehen« werde. Wenn man sich zu sehr Zweifeln und Skrupeln hingibt, so zerstört man dadurch diesen Glauben und schwächt den Willen.

Hier eröffnet sich ein Ausblick auf den Zusammenhang zwischen einer theoretischen Weltanschauung und einer praktischen Lebenseinstellung: Skeptizismus geht mit einer gewissen Kraftlosigkeit des Wollens Hand in Hand, während positive Weltanschauungen, worin immer ihr Inhalt bestehen mag, dazu tendieren, den Willen zu steigern. Oder vielleicht werden Naturen, die einen frischen, lebendigen Willen besitzen, sich instinktiv zu einer positiven Weltanschauung hingezogen fühlen. Es hat wohl keinen Sinn, darüber nachzugrübeln, was hier Ursache und was Wirkung ist – es scheint, daß wir aus dem Gesagten die Lehre ziehen können, daß eine *Entsprechung* besteht zwischen einer Art des Wollens und einer Art des Denkens.

Ich sagte, daß zum Wollen ein gewisser Glaube gehört. Der Glaube hat nun zwei Gegensätze: den Zweifel und das Wissen. Der Zweifel erzeugt eine Situation, in der das Wollen gehemmt wird. Welchen Einfluß hat nun das Wissen? Wenn ich allwissend wäre, so daß ich alle Folgen meines Tuns vorhersehen könnte, könnte ich dann immer noch wollen in dem gewöhnlichen Sinne des Wortes? Oder macht das Wissen mit der Aufhebung des instinktiven Glaubens, das mit dem Wollen verbunden ist, auch das Wollen zunichte? Ich will jetzt nicht von der *Unschlüssigkeit* sprechen, die ein solches Wissen mit sich bringt einfach dadurch, daß jedem Tun sowohl erwünschte wie auch unerwünschte Folgen anhängen, sondern ich will die *Wirkung des Wegfallens des Glaubens* betrachten. Also wenn ich handle, oder etwas will, so ist dieses Wollen getragen von einer Art Zuversicht, daß es zum Guten ausgehen werde. Das Wollen geht sozusagen in einer Atmosphäre von Gläubigkeit vor sich.

(Allerdings nicht immer: wenn ich beschließe, zu sterben, so mag das daher kommen, daß ich den letzten Rest von Gläubigkeit verloren habe.) Wenn ich aber diesen Glauben nicht mehr habe, weil ich genau weiß, was geschehen wird, welchen Einfluß wird das auf mein Wollen haben? Ich bin also nicht mehr von dieser Atmosphäre eingehüllt, ich habe keine Erwartungen, weder freudige noch ängstliche, noch solche der Neugierde, ich sehe klar, scharf, eindeutig, was geschehen wird, und ich sehe mich selbst, wie ich das und jenes vollbringen werde – aber was für einen Zustand habe ich eben da beschrieben? Wenn ich alles das vorher weiß, dann habe ich es mir unmöglich gemacht, etwas zu wollen. Denn das Wollen setzt doch die Annahme voraus, daß ich durch mein Tun irgend etwas in der Welt verändere, daß ich, indem ich mich zu etwas entschließe, zwischen verschiedenen Möglichkeiten entscheide, und daß diese Entscheidung ausschließlich *bei mir* steht oder *von mir* ausgeht. Das Wollen ist doch ein Wählen, und das Wählen hat doch nur einen Sinn, wenn die Wahl, die ich treffe, eben dadurch, daß ich sie treffe, etwas verändert. Wenn ich aber alles vorher weiß, einschließlich meiner eigenen Willensentscheidungen, dann kann ich natürlich nicht mehr glauben, etwas zu ändern oder zu entscheiden – es ist ja sozusagen alles entschieden, und ich wäre in der Rolle eines rein passiven Zuschauers, vor dem die Ereignisse vorbeigleiten wie ein Film und dem auch seine eigenen Handlungen als ein solches filmartiges Geschehen erscheinen müßten etwa wie in einem Traum. M. a. W. wenn ich alles vorher weiß, so wäre mir ja kein *Motiv* zum Handeln geblieben, und ohne Motiv hört sich das Wollen auf. Es ist also doch so, daß das Wollen eine *intellektuelle Unsicherheit* verlangt und daß es ohne diese unmöglich wird.

Was ich gesagt habe, wirft ein Licht auf die Frage, ob ich mein eigenes Verhalten vorhersehen kann. Wenn ich es vorhersehen könnte, und zwar genau, so würde ich nicht das Gefühl haben, ein Wollender zu sein. Gäbe es eine Kausalgesetzlichkeit in der Psychologie, die mich befähigte, mein eigenes Tun und Lassen vorauszuberechnen, so entstünde eine höchst merkwürdige Situation: dieses Wissen würde meine Fähigkeit zu wollen aufheben. Denn die Erkenntnis, daß ich das tun werde, erstickt den Entschluß, es zu tun. In Wirklichkeit ist es so, daß ich stets begleitet bin von dem Gefühl, daß verschiedene Möglichkeiten vor mir liegen, zwischen denen ich mich entscheiden kann: ich kann entweder so handeln oder so, oder so. Was ich tun werde, weiß ich nicht, bevor ich es getan habe, und dann nur auf Grund meines Tuns. Auch anderen Personen gegenüber bin ich in derselben Lage: ich kann vielleicht einige Möglichkeiten ausschließen, andere als wenig wahrscheinlich ansehen und zwischen noch anderen schwanken. Das heißt, unser tatsächliches Wissen ist so, daß wir – unscharf – die Grenzen abschätzen können, innerhalb deren das Verhalten eines Menschen verlaufen wird. Die Möglichkeiten bilden sozusagen einen Streuungskegel, der sich in die Richtung der Zukunft öffnet. Das heißt, wir können uns im allgemeinen ein Bild von den Möglichkeiten machen, die einem Menschen freistehen, ohne genau sagen zu können, was er tun wird. In diesem Sinne könnte man sagen, daß es in der Psychologie eine *einschränkende*, aber keine *bestimmende* Gesetzmäßigkeit gibt. Auch vor mir ist immer ein Streuungskegel von Möglichkeiten, auf den ich zulebe.

Wenn ich in die Zukunft wandere, so nehme ich diesen Kegel mit mir. Das heißt, die Zukunft erscheint mir immer in der Form eines solchen Kegels – als etwas, das in gewisser Hinsicht noch unfest ist und erst durch mein Handeln bestimmt wird.

Das Wissen um die Zukunft hat also zwei verschiedene Wirkungen: die eine ist die, daß es mich unschlüssig macht, denn je mehr ich die zukünftigen Folgen meines Tuns übersehe, desto schwerer wird es mir fallen, zu einer Entscheidung zu gelangen, desto lauter werden sich die Gründe und Gegengründe für jede einzelne Aktion vernehmbar machen; was schließlich zu einer Art Paralysierung des Willens führen wird. Ich kann nicht mehr wollen, weil sich die Gründe und Gegengründe aufheben. Wenn aber das Wissen um die Zukunft so aufgefaßt wird, daß es auch meine eigenen Willensentscheidungen einschließt, dann hört sich der Begriff des Wollens überhaupt auf, es hat keinen *Sinn* mehr, von einem Wollen zu sprechen. Im ersteren Falle stehe ich, angesichts alles dessen, was ich weiß, vor der *psychologischen* Unmöglichkeit, mich zu einem Entschluß aufzuraffen; im zweiten Falle ist es *logisch* unmöglich zu wollen: die Idee des Wollens hat ihre Anwendbarkeit eingebüßt.

Das Wollen erfordert also eine gewisse Dämmerung: es verlangt, daß man einige Schritte weit sieht, aber nicht zu weit, und daß man nicht zu genau weiß, wie man in einer gegebenen Situation entscheiden wird. – Die letzte Bemerkung fordert zu einigen Bedenken heraus. Werde ich nicht in vielen Lagen mit Sicherheit wissen, wie ich entscheiden werde? Wenn mir jemand anbietet, mit ihm zusammen ein Verbrechen zu begehen – und ich ein anständiger Mensch bin, der in diesem Augenblick nicht gerade eine Beute von Leidenschaften ist –, so weiß ich mit Sicherheit, daß ich ablehnen werde. Macht das mein Wollen illusorisch? Habe ich also nicht zu viel verlangt, als ich sagte, daß ich meine eigenen Entscheidungen nicht vorhersehen dürfe? Aber wenn ich es glatt ablehne, mich zum Komplizen eines Verbrechens zu machen, so fragt es sich, ob das überhaupt ein Willensakt war: ich habe nicht mit mir gerungen und mich dann entschieden, es zu unterlassen, ich habe in mir keine Verlockung verspürt und sie unterdrückt, kurzum es fehlt gerade das, was das Eigentümliche des Wollens ausmacht. Nach außen hin, oder juristisch, mag meine Absage als eine Willensäußerung erscheinen; aber von innen gesehen habe ich nicht gewollt: beziehungsweise sagt man ja auch nicht *»ich habe beschlossen*, an diesem Verbrechen nicht teilzunehmen«; das würde man nur sagen, wenn ich mich mit diesem Gedanken getragen, diese Möglichkeit erwogen und dann fallen gelassen hätte. In anderen Fällen ist es so, daß ich wohl *glaube* zu wissen, in welcher Richtung ich mich entscheiden werde, daß ich [es] aber doch nicht so genau weiß, wie gelegentliche Überraschungen über den Ausfall eines Entschlusses zeigen. Dann sagt man: »Ich hätte von mir gar nicht erwartet, daß ich das tun würde«, »zu meiner eigenen Überraschung habe ich mich plötzlich dazu entschlossen«. In diesem Sinne lernen wir unser Wesen erst hinterher, durch die Entscheidungen, die wir gefällt haben, kennen. Schopenhauer: »Durch das, was wir tun, erfahren wir bloß, was wir sind.« (Freiheit und Wille.)[2] Wenn ich eine Entscheidung

2 Arthur Schopenhauer, »Über die Freiheit des Willens«, Abschn. 3, in: A. Sch., *Sämtliche Werke*, hrsg. von Wolfgang Frhr. v. Löhneysen, Bd. 3, Stuttgart / Frankfurt a. M.: Cotta/Insel, 1962, S. 581.

fälle, so muß ich mich in einem Zustand befinden, in dem ich – wenn auch nur für eine kurze Zeit – zwischen verschiedenen Möglichkeiten schwanke, wo meine Aufmerksamkeit von widerstreitenden Vorstellungen in Beschlag genommen wird, wo ich das Gefühl habe, daß es in meiner Hand steht, was ich tun werde, ob das oder jenes, kurzum wo ein *Konflikt* stattfindet, dessen Ausgang ich nicht mit Sicherheit vorhersehe. Je deutlicher ich vorhersehe, was ich in einer gegebenen Situation tun werde, desto weniger kommt es zu einem Wollen. Insoferne ist also das Wollen an die *Unvorhersehbarkeit* der eigenen Entscheidung gebunden. Ich muß eben im Wollen das Gefühl haben, daß *ich* entscheide und daß ich auch hätte anders entscheiden können – sonst wäre es kein Wollen gewesen.

Übrigens spielt da noch eine andere Verwechslung herein: die Nichtunterscheidung zwischen Wollen und Begehren. Es mag sein, daß mich unter gewissen Umständen eine heftige Begierde ergreift – wie den Trinker beim Anblick einer Flasche – und daß ich das sogar ganz genau vorher weiß; dieses Vorherwissen tut der Heftigkeit des Begehrens nicht den mindesten Eintrag; aber diese Begierde ist ja nicht das Werk meines Willens und ihre Entstehung nicht ein Entschluß; wenn mich auch die Begierde dazu bringen kann, manches zu wollen, was ich sonst vielleicht nicht gewollt hätte.

Ich könnte auch wollen, wenn ich zwar das Ergebnis meiner Entscheidung vorher weiß, es aber im Augenblick des Wollens vergesse. Ich muß eben das Gefühl haben, tun zu können, *was ich im Augenblick gerade will.*

8
Zur Unbestimmtheit des Wollens

Es ist eine allbekannte Erfahrung, daß man manchmal nicht sicher ist, ob man gewollt hat oder nicht. Man *tut* etwas; aber die Frage, ob das Getane gewollt war, setzt einen in eine leichte Verlegenheit. Nehmen wir an, ich bin in einer Buchhandlung, mein Blick fällt auf ein Buch, von dem ich mich angezogen fühle, und ich kaufe es. Habe ich gewollt? Gott, was soll man sagen? Ich kann ja nicht in Abrede stellen, daß ich das Buch »aus freiem Willen« gekauft habe; nichts hat mich dazu gezwungen; insoferne ist es »mein Wille«. Würde ich aber gefragt: Warst du *entschlossen*, es zu kaufen? So könnte ich wahrheitsgemäß nur sagen »nein«; denn der Entschluß setzt voraus, daß mir das Ziel schon vorher vor Augen stand, daß ich den Plan, die Absicht hatte, gerade dieses Buch zu erwerben, während es in Wirklichkeit so war, daß ich einem momentanen Impulse nachgab. Selbst wenn man mich fragen würde: »Warst du fest gewillt, es zu kaufen?« So würde meine Antwort verneinend ausfallen. Fest gewillt – das heißt, daß mein Wille so stark gewesen ist, daß er sich auch gegen die und die Hindernisse durchgesetzt hätte, oder daß ich bereit gewesen wäre, die und die Opfer dafür zu bringen etc. War ich in diesem Sinn fest gewillt? Nein; und doch habe ich gewollt, man kann also etwas wollen, es tun, und es dennoch nicht fest wollen.

Man könnte unterscheiden zwischen »etwas wollen« und »entschlossen sein, etwas zu tun«. Das letztere besagt *mehr*: es schließt das Wollen ein, fügt aber noch hinzu, daß das Gewollte *vorgedacht* war, und nicht nur vorgedacht, sondern daß man bei sich bereits entschieden hatte, bei der ersten besten Gelegenheit es zu tun. Ich könnte ja das Gewollte ins Auge gefaßt haben, aber nur um damit in Gedanken zu spielen, oder es mir zu überlegen, ohne noch ganz dazu entschlossen zu sein. Zwischen dem Entschluß und dem Plänemachen liegt also noch ein weites Gebiet, das man etwa mit dem vagen Ausdruck »die Absicht haben« umschreiben kann. »Die Absicht haben, eine Reise zu tun« kann heißen: seine Gedanken darauf lenken, sie in diese Richtung schweifen lassen, sich auf die Reise einstellen, Pläne machen, Mittel überlegen, die zu dem Ziele führen könnten, Konsequenzen erwägen, und – noch etwas! Denn was ich bisher geschildert habe, wäre noch nicht die *Absicht*, sondern die bloße Erwägung eines Gedankens oder das Spielen mit einer Möglichkeit. Was hinzu treten muß, um daraus die Absicht zu machen, ist der *Wunsch*, die Reise wirklich zu unternehmen. Solange ich in ihr nur eine theoretische Möglichkeit sehe, wenn ich nicht das Verlangen spüre, wenn mich nichts zur Reise drängt, was sollte dann die Absicht von dem bloßen Darandenken, ja von der Befürchtung zu reisen, unterscheiden? Die Absicht schließt also den Wunsch ein; und tatsächlich ist der Sprachgebrauch so, daß die Worte »ich habe die Absicht« in vielen Fällen geradezu bedeuten »ich habe den Wunsch« oder »ich wünsche«. Beispiele: ich wünsche ein Zimmer zu vermieten = ich habe die Absicht ein Zimmer zu vermieten. Freilich deckt sich der Sinn dieser beiden Ausdrucksweisen nicht ganz; aus der Absicht, ein Zimmer zu vermieten, hört man heraus, daß ich sozusagen wirklich diese Absicht habe, daß es mir ernst damit ist; während »Wunsch« auf ein viel weiteres und loseres

Gebiet deutet, so wenn man von Wünschen im Sinne schweifender Gelüste spricht, die nur eine Strömung der Phantasie sind und mit denen es uns nicht ernst ist.

Die Absicht schließt nicht *immer* den Wunsch ein: ich kann sagen, daß ich die *Absicht* habe etwas zu tun, auch wenn ich keinen solchen Wunsch verspüre, ja selbst wenn es *gegen* meinen Wunsch ist, weil mir nicht meine Wünsche, sondern das unsanfte Leben mein Tun diktiert.

Wenn ich also sage »ich bin entschlossen zu reisen«, so setzt das voraus, daß ich die Absicht dazu hatte, daß die Reise vorbedacht ist; aber es sagt noch mehr, eben das, was den Unterschied ausmacht zwischen Absicht und Entschluß. Wie soll ich den formulieren? Man wird bemerken, daß in dem Wort »Entschluß« etwas Willenmäßiges anklingt; und wir haben ja gesehen, daß man von Wollen nur da spricht, wo ein gewisser Widerstand überwunden worden ist. So sagt man bezeichnenderweise »ich habe mich zu dem Entschluß durchgerungen, durchgekämpft« oder »ich habe mich zu dem Entschluß aufgerafft« – eine Redewendung, die uns einen Konflikt zwischen mehreren Zielvorstellungen – oder einer Zielvorstellung und einem Zustand der Lethargie – vor Augen stellt. Niemandem wird es einfallen, seine Absicht auszugehen in die Worte zu fassen »ich bin entschlossen auszugehen«, es sei denn, daß das Ausgehen etwa eine gefährliche Angelegenheit ist, weil draußen geschossen wird, oder weil es verboten ist, u. s. w. Dann, wenn man einen *Widerstand* in sich unterdrückt, kann man von Entschluß reden. Und wenn man den Entschluß gefaßt hat, so fragt es sich wieder, wie tief er geht, ob man sich leicht davon abbringen läßt oder nicht, etc.

Die Sprache trägt diesem Umstande Rechnung, indem sie uns verschiedene Redewendungen zur Verfügung stellt wie: ich bin gewillt, ich bin fest gewillt, es ist mein fester Wille, ich bin festen Willens; er ist entschlossen, er ist fest entschlossen; er hat den festen, zähen, unbeugsamen und unerschütterlichen Willen; er ist unbeirrbar gewillt; etc.

Man könnte demgemäß eine Reihe bilden, deren Elemente wie die Glieder einer Kette ineinander hängen und die von dem schwächsten, realitätsfernen Spiel mit einem Gedanken bis zur felsenfesten Entschlossenheit führen:

Ich betrachte eine Möglichkeit; ich spiele mit dem Gedanken; die Lust wandelt mich an; ich spüre ein Gelüst; eine Wunschregung steigt in mir auf; ich habe den Wunsch; ich habe die Absicht; ich bin willens; ich bin entschlossen; ich bin fest entschlossen.

Verfolgen wir im Geiste, wie das Spielen mit dem Gedanken zum Wünschen wird, das Wünschen zur Absicht, die Absicht zum Entschluß: Das zeitliche Moment, da die Absicht – die ja fast noch Wunsch ist – umschlägt und zum Wollen wird, wird bezeichnet durch die Worte »den Entschluß fassen«. Den Entschluß fassen, das ist ein Vorgang, den man in sich beobachten und den man mehr oder weniger genau zeitlich fixieren kann; »entschlossen sein« ist dagegen ein Zustand, in dem man sich befindet, dessen Vorhandensein man aber nicht ununterbrochen in sich feststellen kann; »ich bin entschlossen das zu tun« ist vielmehr ähnlich wie »ich weiß das A B C«, oder »ich bin fähig, Schach zu spielen« und drückt wie diese [Formulierungen] eine Bereitschaft, eine Disposition aus. »Entschlossen sein« ist eben nicht ein

Zustand wie »eine Temperatur von 100° Celsius haben«, von dessen Existenz man sich stetig durch die Temperaturkurve überzeugen kann. Es gibt keine »Entschlossenheitskurve«, nicht weil es an tauglichen Apparaten zu ihrer Messung fehlt, sondern weil Entschlossenheit *grammatikalisch* ein Zustand in einem anderen Sinne ist. Das zeigt sich z. B. daran, daß eine Frage wie »Wenn du entschlossen bist zu studieren, bist du da von Morgen bis Abend entschlossen, ohne Unterbrechung in jeder Sekunde?« keinen Sinn hat. Man kann zwar von einem *schwankenden* Entschluß sprechen – man faßt ihn, gibt ihn wieder auf, ändert ihn ab, und faßt ihn wieder – aber das Entschlossensein ist nicht ein seelischer Zustand, dessen Existenz sich stetig introspektiv kontrollieren läßt.

Kehren wir zurück. Ich bin ausgegangen von der Bemerkung, daß es Fälle gibt, wo man nicht recht weiß, ob man etwas gewollt hat oder nicht. Sicher ist, daß man etwas wollen kann, ohne gewillt zu sein, es zu tun; und das sind die Fälle, wo man, wie man sagt, »aus dem Augenblick heraus« handelt, ohne das, was man tut, vorgedacht zu haben. Aber dann gibt es noch andere Fälle, wo es wirklich unsicher wird, ob man gewollt hat. Nehmen wir an, ich habe mich dazu bringen lassen, an etwas mitzutun, was ich eigentlich nicht ganz billige, z. B. jemandem einen Possen zu spielen. Würde ich hinterher befragt »hast du es gewollt?« – Was soll ich sagen? Ich hatte vorher nicht die Absicht; ich wäre aus eigenem nicht darauf verfallen; aber ich *tat* es; ich tat eigentlich nur mit, um den anderen nicht den Spaß zu verderben; habe ich gewollt? Genaugenommen müßte ich eigentlich sagen: ich habe mich nicht genügend angestrengt, es zu unterlassen; ich habe nicht genügend stark das Gegenteil gewollt. Ich bin natürlich für das, was ich tue, *haftbar*, u. zw. im juristischen und moralischen Sinn: es ist *meinem* Handeln und daher *meinem Willen* anzurechnen; aber psychologisch würde es schwer sein, das Fehlen eines Gegenwillens als Wille zu deuten. Nun nehmen wir an, daß ich einem plötzlichen Impuls nachgebe und etwas tue: habe ich da gewollt? Die Antwort ist wieder: ich habe gewollt in dem Sinn, daß ich keine genügende Anstrengung machte, den Impuls zu unterdrücken, und daß ich für mein Handeln verantwortlich bin. (Man sieht: die Aufforderung mitzumachen ist jetzt nach innen verlegt.) Solche Fälle sind nun aber sehr häufig, und es ist bekannt, daß man impulsiven Menschen nicht viel Willenskraft zutraut, sondern eher geneigt ist, zu sagen, daß sie eben ihren Impulsen nur schlecht widerstehen können. (»Strohfeuer«.)

Ähnlich ist die Situation in der Leidenschaft: wenn wir in großer Erregung sind, in Zorn, oder in Angst, oder in Begeisterung, dann ist die normale Widerstandsgrenze nach abwärts verschoben, so daß man Dinge tut, oder besser ihnen nicht widersteht, denen man in normaler Verfassung widerstehen würde. Im Affekt scheint man großer Willensleistungen fähig zu sein, weil der Gegenwille heruntergesetzt ist. Im Affekt wird das Bereich der eigentlichen Willenshandlungen verkleinert, während von außen gesehen ein starker Wille zu herrschen scheint. Es ist daher auch bei jeder leidenschaftlichen Wallung schwer zu sagen: inwiefern habe ich das eigentlich gewollt? – Ähnliches im Rauschzustand.

Man wird bemerken, daß bei der Beurteilung solcher Fälle noch etwas weiteres in Betracht kommt: die *Einstellung*, die man hinterher zu der Tat einnimmt. Es mag sein, daß ich mich im Augenblick, ohne viel Besinnung, zu etwas fortreißen lasse – sei es durch die Gesellschaft, in der ich gelebt habe, sei es durch einen Impuls, der mich überkam, oder in der Leidenschaft. Aber dann kommt es darauf an, wie ich hinterher bei ruhigem Blut mein eigenes Handeln beurteile: ob ich es als eine Handlung anerkenne, die aus *meinem Wesen* hervorgeht, mit der ich einverstanden und von der ich überzeugt bin, daß ich sie unter ähnlichen Umständen wieder begehen würde – oder ob ich diese Handlung zurücknehmen möchte, und etwa ausrufe »ich kann gar nicht verstehen, was da in mich gefahren ist, ich kann nicht mein natürliches Selbst, ich muß außer mir gewesen sein«. Mit einem Wort, es kommt darauf an, ob ich mich zu *meiner Tat bekenne*. Wenn ja, dann habe ich gewollt; wenn nicht, dann habe ich es eigentlich nur an dem Gegenwillen fehlen lassen; obwohl ich natürlich haftbar bin für meine Tat.

Wie ist es nun, wenn ich etwas getan habe, sagen wir, in einer affektiven Stimmung, und mich frage: habe ich es gewollt? In einem Sinn nicht, denn ich hatte vorher nicht die Absicht, es zu tun; ich tat es; ja und jetzt, wenn ich es überlege, stimmt etwas in mir der Tat zu, etwas nicht. Habe ich gewollt? *Ich bin mit mir uneins*. Und das ist alles, was sich darüber sagen läßt; hier zeigt sich, wie der Begriff der Willenshandlung nach einer anderen Seite hin undeutlich verschwimmt. Nietzsche: »Der Verbrecher ist häufig genug seiner Tat nicht gewachsen: er verkleinert und verleumdet sie.« (»Jenseits von Gut und Böse«, No. 109.)

9
Der gespaltene Wille

Das Vorhergehende hat uns auf das Phänomen des *Gespaltenseins* aufmerksam gemacht. Es ist oft so, daß wir im Wollen gespalten sind: mit einem Teil unseres Wesens wollen wir, mit einem anderen wollen wir nicht. Wenn wir dann in einer solchen Situation etwas tun, so haben wir einen *inneren Widerstand* zu überwinden (Macbeth). Das führt auf die Frage: werde ich im Wollen immer gespalten sein? Oder gibt es etwas wie ein ungebrochenes Wollen, wo man ganz und gar will? Anders ausgedrückt: ist jedes Wollen von einem Gegenwollen begleitet, ist das Wollen immer die Resultierende von zwei Kräften? Es gibt, scheint mir, ein Wollen, ein zähes, hartnäckiges, wo wir uns ganz in den Willen hineinwerfen wie ein Pferd ins Geschirr, wo wir wollen mit zusammengebissenen Zähnen, wir uns hart, starr und taub machen gegen alles, was uns davon abziehen möchte. Wir sind wie der Kapitän auf der Brücke, wenn das Schiff in Seenot ist: fest, unbeweglich, den Blick auf das eine gerichtet, allem anderen unzugänglich. Wir sprechen von einem Wollen, weil es auch hier einen Widerstand gibt, aber einen Widerstand, der *nur außen sitzt.* Hieraus ergibt sich eine besonders reine, ungetrübte Art des Wollens.

Treten hingegen innere Widerstände auf, will man nur mit einem Teil des Wesens, so erhält der Wille etwas Uneiniges, Gebrochenes, und wird dann auch tatsächlich schwächer, unsicherer, weil die Gegenströmung in dem geeigneten Moment durchbricht und das Wollen durchkreuzt: so entsteht das unsichere Wollen, das abirrt,

Nicht-nachdrücklich-genug-Sein, das ausläßt, oder der Fehlgriff in einem entscheidenden Moment; was wir als Mißlingen kennen, hat seinen tiefen Grund oft darin, daß wir nicht mit ganzem Herzen, vorbehaltlos dabei sind. Die Bedenken, die Zweifel, die Gegengründe machen den Blick unsicher, so daß er nicht mehr unverwandt auf das Ziel gerichtet ist, sondern hier und da abgleitet und zur Seite fährt.

Ob nun ein Mensch ungebrochen will oder nur einen Teil seiner Kräfte darauf verwendet, hängt von der Situation ab und von dem Menschen. Wir alle kennen Situationen, wo wir alles daran setzen, ein Ziel zu erreichen oder einer Gefahr zu entgehen; wir sind dann einig, gesammelt. Und es gibt andere Umstände, in denen wir uns den Entschluß abringen müssen, aber dann das Ziel auch nur lau verfolgen. Wie oft wir in die letztere Situation kommen, hängt von uns ab, von Charakter, Temperament, aber auch dem Sehfeld, das wir haben. Das Handeln kann ja nur in einer gewissen Dämmerung vor sich gehen; genaugenommen ist alles, worauf man hinaus will, so kompliziert und vielseitig und führt seinerseits so viele Wirkungen mit sich, von denen wir einen Teil wünschen, einen Teil nicht wünschen können, daß, wenn wir alle diese Folgen vor uns ausgebreitet sähen und unser Blick imstande wäre, das Dunkel der Zukunft zu durchdringen, es uns schließlich so ergehen würde wie dem Tausendfuß: wir wüßten am Ende nicht mehr, was wir tun sollen. Je ungetrübter, klarer, leidenschaftsloser, objektiver wir eine Sachlage auffassen und ihren mutmaßlichen Konsequenzen nachgehen, desto mehr Zweifel und Bedenken werden uns oft aufsteigen und desto schwächer wird der Trieb zum Handeln sein;

während eine gewisse Enge des Blickes, der wie gebannt auf das eine Ziel starrt und alles andere nicht wahrnimmt, der Willenskraft förderlich ist; woraus man sieht, daß ein theoretisch veranlagter Mensch, der gewohnt ist, alle Seiten einer Sache zu sehen und das Für und Wider abzuwägen, zum praktischen Handeln nicht viel taugt, wogegen ein Willensmensch kaum Anschauungen besitzen wird, die das Wesen der Dinge rein und ungetrübt widerspiegeln. Er kann natürlich ein ausgezeichnetes Urteil über Menschen und Dinge haben: Napoleon. Aber er muß imstande sein, wenigstens temporär, den Blick zu verengen: »Wenn der Entschluß einmal gefaßt ist«, sagt Nietzsche (»Jenseits von Gut und Böse«, No. 107), »das Ohr auch für den besten Gegengrund zu[zu]schließen: Zeichen des starken Charakters. Also ein gelegentlicher Wille zur Dummheit.«
In der Leidenschaft engt sich das Gesichtsfeld ein; dieselbe Wirkung hat jede starke, aber fragwürdige Überzeugung: so wenn man ganz von seinem Recht durchdrungen ist. Die Skepsis weitet den Blick aus und führt daher zu Unentschlossenheit.

10
Wille und Ich

Schopenhauer sagt: »Ich kann wohl tun, was ich will; aber kann ich auch wollen, was ich will?« Wollen, was ich will! Natürlich, was immer ich will, ist, was ich will; das ist tautologisch. Aber es gibt noch einen anderen Sinn, den wohl Schopenhauer im Auge hatte. Danach ist des Menschen Wille sein eigentliches Selbst. Denn er selbst ist wie er will, und will wie er ist. Daher ihn fragen, ob er auch anders wollen könnte, als er will, heißt ihn fragen, ob er auch wohl ein anderer sein könnte als er selbst: und das weiß er nicht. »Ich kann tun, was ich will, und ich kann, *wenn ich will*, alles, was ich habe, den Armen geben und dadurch selbst einer werden – wenn ich *will*! – Aber ich vermag nicht, es zu wollen; weil die entgegenstehenden Motive viel zu viel Gewalt über mich haben, als daß ich es könnte. Hingegen wenn ich einen anderen Charakter hätte, u. zw. in dem Maße, daß ich ein Heiliger wäre, dann würde ich es wollen können; dann aber würde ich auch nicht umhin können, es zu wollen.« Kann ich wollen, was ich will? würde also heißen: kann ich ein solcher Mensch sein, daß ich das und das wollen könnte (was ich jetzt nicht kann)? Und steht es in meinem Willen, welche Art von Mensch ich bin? Kann ich mir den Charakter aussuchen? Dieses führt auf die Frage, wie weit der Charakter von außen verhängt (nämlich durch Erbanlage und Erziehung bestimmt) ist und wie weit er mein eigenes Werk ist. Zur Entscheidung dieser Frage müßte man auf die Begriffe von Ich und Persönlichkeit eingehen und zusehen, wie weit die Außenwelt in das Ich hereinragt.

Worin besteht das Gefühl, daß ich etwas »spontan« tue? Woher weiß ich, daß das, was ich tue, der Ausfluß meines Willens ist und daß ich mich darin nicht täusche? Nun, ich erinnere mich etwa daran, was mich zu diesem Tun gebracht hat, ich rufe mir das Motiv ins Gedächtnis, aus dem ich es tat, etc. Ist das alles – und schließt es jede Täuschung aus? Nehmen wir an, ich tue etwas auf Grund eines posthypnotischen Mandats, also unter einem fremden Willen, aber ohne zu wissen, daß ich unter einem solchen Einfluß stehe. Habe ich eine Möglichkeit zu entdecken, daß das, was ich tue, nicht meine eigene Tat ist, obwohl im physischen Sinne ich es bin, der sie ausführt? Wenn man mich etwa fragt, warum ich das tue, oder wenn ich selbst diese Frage aufwerfe, so werde ich keinen Augenblick in Verlegenheit sein, sondern ohne Zögern ein Motiv nennen, von dem ich in diesem Augenblick *glaube*, daß es mich zu dem Tun veranlaßt hat. Nehmen wir an, ich habe in der Hypnose den Auftrag erhalten, zu einer bestimmten Stunde im Zimmer den Regenschirm aufzuspannen. Auf die verwunderte Frage, warum ich das tue, erwidere ich vielleicht: »Ach, es fiel mir soeben ein, daß der Regenschirm ein Loch hatte, und da wollte ich nachsehen, wo es ist.« Das klingt ganz plausibel. Habe ich einen Weg, herauszufinden, daß ich den Schirm nicht aus eigener Initiative aufgespannt habe? Ich glaube, daß durch bloße Introspektion die Frage nicht zu entscheiden ist. Ich mag noch so sehr in mich hereinblicken, ich werde nichts finden, das diesen Vorgang von anderen, »von mir gewollten« Handlungen unterscheidet. Erst wenn die Amnesie aufhört und die Vorfälle in der Hypnose meiner Erinnerung wieder zugänglich werden oder wenn man mir die ganze Sache hinterher erzählt, werde ich darauf kommen, daß ich eigentlich nicht »der Täter meiner Tat« war. Es gibt kein inneres Kennzeichen, daß eine gewollte Handlung von einer unter fremdem Willen zustande gekommenen unterscheidet, wenn sich dieser fremde Wille meinem Wissen entzieht. Die Aussage des Selbstbewußtseins »Ich habe das gewollt« *ist also nicht unbedingt verläßlich*. Was entscheidet ist eher die Beobachtung, daß die

Handlung nicht recht zu dem paßt, was ich sonst tue, daß sie sich nicht gut in die Art meines übrigen Verhaltens einfügt, daß sie irgendwie »herausfällt«, daß sie etwa Züge aufweist, die nicht genügend motiviert sind und einer kritischen Prüfung nicht standhalten – wenn es nicht einfach die Information über das ist, was sich in der Hypnose zugetragen hat. Kurzum, was entscheidet, sind Gründe, die weit über das hinausgehen, was ich unmittelbar erlebe in dem Augenblick, da ich jene Handlung ausführte, oder was ich kurz nachher erinnere.

Daraus scheint eine bemerkenswerte Tatsache hervorzugehen: daß ich nicht absolut sicher sein kann, daß etwas, das ich jetzt tue, wirklich von mir gewollt ist; daß die Daten, die mir jetzt zur Verfügung stehen, nicht hinreichen, jede Möglichkeit auszuschließen, daß ich das Werkzeug eines fremden Willens war; daß also der Satz »Ich habe das gewollt« keine letzte Wahrheit ist, gegen die kein Appell möglich ist.

Wir haben bisher die Möglichkeit betrachtet, daß ich unter Einfluß eines fremden Willens stehe. Aber die Sache wird noch verschlungener, sobald wir bedenken, daß es eigentlich gar nicht so ausgemacht ist, was »mein Wille« ist. Solche Fragen sind nicht die Ausgeburt philosophischer Skepsis. Das praktische Leben stellt sie manchmal, wenn sich z. B. ein merkwürdiger Impuls in uns regt. Wir fragen dann: »Woher kommt nur diese seltsame Anwandlung, dic so gar nicht in meine wache, bewußte Persönlichkeit paßt? Stammt sie wirklich aus mir? Oder kommt sie aus meinem Unterbewußtsein? Oder steigt aus den Tiefen der Vergangenheit etwas in mir auf und weht mich an?« Dabei tun wir so, als hätte es einen klaren Sinn zu sagen, daß ein Impuls »aus mir stammt« oder eine »Regung meines Wesens« ist. Aber was heißt das in Wirklichkeit? Was reicht alles in meinen Willen herein! Kann ich meinem Willen eine klare Grenze ziehen – kann ich mich selbst klar abgrenzen gegen alles das, was in mir von meinen Ahnen her fortlebt? Und wenn ich etwas will, und eine Entscheidung treffe, woher weiß ich, daß nicht auch andere Wesen, die vor mir waren, an den Hebeln dieser Entscheidung mitziehen? Vielleicht komme ich der Wahrheit näher, wenn ich sage, daß ich eine Vielheit bin? Vielleicht ist die Vorstellung einer abgekapselten Individualität nur eine Fiktion?

Aber gibt es nicht im Wollen etwas Rationales, etwas, das ich gut heiße, das aus Überlegungen entspringt und das mich sagen läßt, daß *ich* es will? Vielleicht gibt es das; aber es gibt keine absolute Gewähr: denn eine innere Anwandlung, oder ein Drang, kann sich als rationaler Wille *maskieren*, indem er scheinbar ganz einleuchtende Gründe vorschiebt. Ich kann diese Gründe gutheißen, ich kann *glauben*, daß ich wolle – und doch stammt der Antrieb zu alledem von etwas her, das mir gänzlich unbekannt ist. Das ist die typische Situation der »Rationalisierung«.

Die Situation ist also viel schwieriger: Nicht nur kann ich nicht mit absoluter Sicherheit entscheiden, ob mein Tun aus meinem eigenen Willen entspringt, sondern die Frage scheint nicht einmal einen klaren Sinn zu haben. Man könnte sagen: das Ich verschwimmt nach innen hin gegen die Ahnen, und vielleicht noch in andere Richtung, undeutlich, und darum will die aufgeworfene Frage keinen klaren Sinn ergeben. Stellen wir uns einmal vor, es gäbe eine Sippe, die nach außen hin wie eine Einheit aufträte, nur daß sie viel geschlossener wäre als irgendeine menschliche Familie. Denken wir uns etwa, daß die Mitglieder dieser Sippe miteinander so verhaftet wären wie die Individuen eines Korallenstocks, durchflutet von den gleichen Gefühlen und Regungen; und stellen wir uns vor, daß diese Sippe einen Willen bekundet, in dem die Willensregungen der einzelnen Mitglieder ununterscheidbar verschmolzen sind. Wenn wir nun an die Stelle dieses räumlichen Bildes ein zeitliches setzen, d. h. ein Nacheinander von Personen, die auf verschiedene Generationen verteilt sind, die aber doch wieder auf das engste miteinander verhaftet sind – sollte das nicht eine gute Annäherung an die Wirklichkeit ergeben, ein Bild des Aufbaus des Menschen? Wenn wir uns mit dieser Ansicht befreunden, dann läßt sich nicht mehr scharf sagen, was »zu meinem Willen« gehört.

Das Gesagte macht es nicht nur verständlich, daß wir manchmal nicht wissen, »woher« eine Willensregung stammt, sondern wie der Eindruck entstehen kann, daß wir gar nicht die Täter unserer Taten sind; daß wir nur ausführen, was ein fremder Wille befiehlt. Nehmen wir an, ich habe folgendes Erlebnis: meine Glieder bewegen sich, wie von einer unsichtbaren Macht gezogen, dabei fühle ich, wie im Traum, auf merkwürdige Art vorher, was ich im nächsten Augenblick tun werde, und habe auch beim Tun ein gewisses Gefühl der Anstrengung. Ist nun diese Erfahrung identisch mit dem Erlebnis, daß diese Handlung der Ausfluß meines Willens ist? Das heißt, wäre nun alles genauso wie wenn ich das getan hätte und dieses Tun aus meinem Willen hervorginge? Oder könnte ich noch zögern und sagen: »Seltsam, es sieht zwar so aus, als ob *ich* der wäre, der da will, aber mir ist, als ob gar nicht ich es wäre. Mir ist, als ob mein Organismus nur als ein Mittel benutzt würde, durch das hindurch etwas anderes will«? Vielleicht habe ich nur verschiedene Teilerfahrungen des Wollens ohne wirklich zu wollen? Dieses Erlebnis hat etwas Unheimliches: man scheint aus seinem eigenen Ich herausgedrängt zu werden, man hat das Gefühl, daß ein anderer für einen will und für einen handelt.

Ich sehe also jetzt, daß mein Wille nicht etwas Greifbares, scharf Faßbares ist; daß er sich vor dem geistigen Auge auflöst in eine Wolke von Möglichkeiten, von mehr zentralen und mehr entlegenen Teilstrebungen, Regungen, Dispositionen und Bereitschaften, die sozusagen auf ihn stündlich warten. Ein Gleichnis: ich bin wie eine Wolke, ohne scharfe Umrisse und sich zusammenballend, schwankend, sich da- und dorthin dehnend und die Form verändernd, bald verdunstend, bald anwachsend, ein ewiges Spiel. *Und so ist mein Wille.* Das heißt der Wille in mir wiederholt nur das Gestaltlose, Ungenaue, Unfeste meines Seins. Im Akt des Willens nimmt dieses Unbestimmte für einen Moment Gestalt an und wird fest – etwas von mir bricht zur Wirklichkeit durch: eine Willensentscheidung ist ein Schritt zu meiner Selbstverwirklichung. Die eigentümliche Unbestimmtheit, die ich vor dem Handeln spüre, das Gefühl, daß ich das eine, aber ebensogut das andere tun könnte, beruht auf keiner Illusion: ich spüre tatsächlich die verschiedenen Möglichkeiten, die mich zusammensetzen und von denen sich eine verwirklichen wird. Ich kann meinen Willen nicht voraussehen, weil dies Daten erfordern würde, die mir erst in der Zukunft, wenn die Entscheidung schon gefällt ist, zur Verfügung stehen werden: in dem Augenblick *vor* der Entscheidung bin ich sozusagen noch unfertig, etwas in meinem Wesen ist noch offen und *formt sich erst in der Entscheidung.*

In den verschiedenen Willensakten, die wir im Laufe des Lebens vollziehen, treten also Möglichkeiten, die gleichsam in uns schlummern, in die objektive Wirklichkeit heraus, und damit nehmen wir selbst allmählich eine *bestimmte Gestalt* an. Wollen, Handeln ist ein Weg vom Gestaltlosen ins Gestaltete. Wir vollbringen eine Tat und – vollbringen nicht nur sie, sondern zugleich uns selbst, oder einen Teil von uns, daher das tiefe Gefühl für die Wichtigkeit einer Handlung: es kommt nicht nur darauf an, was durch das Tun in der äußeren Welt verändert wird, sondern auch darauf, daß in dem Tun etwas von *uns fest* wird. Man hat ja in der Ethik immer die Bedeutung einer Handlung gefühlt, eine Bedeutung, die das Merkwürdige hat, daß sie über die bloße Handlung hinausgeht. Wenn der Mensch – wie Schopenhauer glaubte – in seinem Charakter und seiner inneren Beschaffenheit ein für allemal fest, unwandelbar wäre, wenn es nicht etwas wie ein Sichvollbringen, ein Durchbrechen zur Wirklichkeit gäbe, dann hätte die Handlung *nur als Handlung* Bedeutung. Aber man fühlt, daß damit ein wichtiger Aspekt verloren geht, daß die Handlung uns noch in einem ganz anderen Sinne angeht, daß sie der Ort ist, wo das Ich in die Außenwelt übergeht, daß sich da unser inneres Schicksal entscheidet. Wenn man eine Handlung nur von außen betrachtet, etwa auf ihren sozialen Wert hin, so sieht man sie nie als das, was sie dem Handelnden selbst bedeutet – als ein Stück seines Schicksals.

Das Gesagte gilt natürlich nur von Handlungen, die

einmalig und unwiederholbar sind, nicht für Routinehandlungen, an denen wir nicht tiefer beteiligt sind. Man könnte die Handlungen anordnen nach der Tiefe, aus der sie entspringen oder ihrer Entfernung vom Ich. Man könnte sagen: manche Handlungen sind ganz ichlos, in anderen drücken wir uns aus; und es gibt Handlungen, in denen wir uns mehr, und solche, in denen wir uns weniger ausdrücken. Es gibt einen Punkt der Beurteilung, von dem alle Handlungen auf einer Ebene erscheinen, eben als Vorgang in der Außenwelt; und es gibt eine andere Beurteilung, von der aus die Handlungen gleichsam verschiedenen Schichten angehören, je nachdem wie nahe oder fern vom Ich sie sind.

»Das ist wieder einmal ganz er«, »das ist für ihn typisch« kann man sagen – und sagt man gewöhnlich – von Handlungen, in denen sich eine bestimmte Persönlichkeit ausdrückt; aber diese Handlungen sind zu unterscheiden von jenen, in denen ein Ich Schicksal gewinnt, in denen etwas aus der Tiefe durchbricht; die ersteren sind mit *Persönlichkeit geladen*, die letzteren *Persönlichkeit-schaffende* Handlungen. »In einer Handlung lebt etwas von einer Persönlichkeit« kann also zweierlei heißen: daß sie ein Ausfluß der Persönlichkeit ist, die sich ja immer in dieser Weise darstellt; dann ist die Persönlichkeit etwas, das unabhängig von der Handlung besteht; oder daß sie etwas ist, an dem sich die Persönlichkeit erst bildet.

Es gibt also *unpersönliche* Handlungen – wie die Unmenge von Dingen, die wir im täglichen Leben tun, wenn wir unseren Geschäften nachgehen – und *persönliche* Handlungen, oder besser gesagt, Handlungen, die *persönlichkeitsbetont* sind; und die letzteren zerfallen wieder in zwei Arten: solche, die Folgen einer festen Persönlichkeit sind, und solche, die eine Rolle spielen im Werden der Persönlichkeit. Die schicksalhafte Bedeutung, von der ich vorhin gesprochen habe, bezieht sich nur auf die letzte Art von Handlungen.

11
Ambivalenz des Willens

Wir haben von Willen und Gegenwillen gesprochen. Wie ist das nun eigentlich – kann man dasselbe wollen und zugleich nicht wollen? Oder wird das, was man will, nicht immer etwas verschieden sein von dem, was man nicht will? Ich will nach Paris fahren; ja, wenn die Umstände und Scherereien nicht so groß wären; die will ich aber nicht. Wenn ich A sage, muß ich freilich B sagen: da liegt der Haken. Denn A will ich und B will ich nicht; obwohl nun einmal A und B in dieser Welt zusammenhängen. So kommt der Schein heraus, daß ich dasselbe will und nicht will.

Aber wäre es *denkbar*, daß ich dasselbe will und nicht will? Nun, dies wäre die Frage, ob eine solche Annahme Sinn hat. Zuvor eine Bemerkung: die Negation von »Ich will A« ist, daß ich einen solchen Willen nicht habe, aber nicht, daß ich nicht A will. Die gewöhnliche Sprache verschleiert das; denn die Negation von »Ich will nach Paris fahren« ist »Ich will nicht nach Paris fahren«, was aber zweierlei bedeuten kann: daß ich nicht den Willen habe, nach Paris zu fahren, oder daß ich den Willen habe, nicht nach Paris zu fahren, mich etwa einem solchen Vorschlag widersetze. Wenn man nun sagt, man will etwas und will es nicht, so meint man, daß man eine Willensregung verspürt, es zu tun, und eine andere Willensregung, es nicht zu tun; aber man will nicht sagen, daß man die eine Willensregung verspürt und sie zu gleicher Zeit nicht verspürt – was dem Satz vom Widerspruch zugegen und völlig unsinnig wäre. Die Logik verbietet es also zu sagen, daß ich eine Willensregung habe und sie nicht habe; aber sie verbietet es keineswegs zu sagen, daß ich eine Willensregung oder einen Impuls in mir wahrnehme, etwas zu tun, und zu gleicher Zeit eine andere Willensregung, es nicht zu tun. Diese zwei Willensregungen können natürlich nebeneinander bestehen, genausogut, wie im Gefühlsleben zwei entgegengesetzte Gefühle, Zärtlichkeit und Feindseligkeit, nebeneinander bestehen können: der Wille kann also ambivalent sein. Ich äußere es nur als eine Vermutung, daß einem solchen zwiespältigen Willen auch eine ambivalente Gefühlsweise, Anziehung und Abstoßung, zugrunde liegen wird.

Also: ich kann dasselbe wollen und nicht wollen in dem erklärten Sinn. Indes kommt häufig eine andere Situation vor. Ich will etwas, z. B. nach Paris fahren. Bei der Ausführung merke ich, daß irgend etwas in mir nicht will, daß sich etwas »spießt«, daß eine Gegenströmung da ist, die sich in verschiedenen Symptomen äußert – in unerklärlichen Hemmungen, in Fehlleistungen, Vergessen, Ungeschicklichkeit etc. Wenn ich versuche, mich so zu [sehen], wie ich von außen erscheine, so erhalte ich den Eindruck, daß ich *mich so verhalte*, *als ob* ich gar nicht wolle. Es ist das Verhalten eines Menschen, der zwar behauptet, es liege ihm sehr viel daran, diese Reise zu unternehmen, der aber von einem geheimen Gegenwillen beseelt ist. Wenn ich einen anderen Menschen vor mir hätte, der dieses Verhalten zeigt, so würde ich an der Aufrichtigkeit seines Willens zu zweifeln beginnen und mir sagen: er stellt sich nur so, als ob er diesen Willen hätte, in Wirklichkeit will er ja gar nicht. Aber wenn ich nun selbst dieser andere bin? Ich kann dann natürlich nicht mehr sagen, daß ich mich »stelle«, oder nur »vorgebe« zu wollen: *ich* muß ja wissen, ob ich will oder nicht. Nun, mein Selbstbewußtsein sagt »ich will«, meine Handlungen sagen »ich will nicht«. Diese Situation wird heute gewöhnlich so beschrieben, daß man sagt: Ich habe den Willen A zu tun, und unbewußt den Willen nicht A zu tun. Der Konflikt zwischen meinem Willen und meinen Handlungen wird also gedeutet als der Konflikt zwischen einer bewußten und einer unbewußten Willensströmung. Hier ergibt sich eine neue Frage. Ich sagte eben, der Konflikt wird so *gedeutet*. Hätte ich sagen sollen, er wird in dieser Terminologie ausgedrückt? Der Unterschied ist der: wenn ich sage, der Konflikt wird so *gedeutet*, so meine ich, daß ich aus meinem Verhalten *errate*, daß ein unbewußter Wille besteht, daß aber noch die Frage ist, ob er auch wirklich besteht; so etwa, wie wenn ich aus gewissen Abweichungen in der Route eines Schiffes errate, daß damals ein Sturm war, durch den es von seinem Kurs abgetrieben wurde, aber damit noch nicht festgestellt habe, daß damals wirklich ein Sturm war. Die Abweichungen in der Route *verhelfen* mir nur dazu, die Hypothese zu machen, die dann unabhängig von diesen Indizien überprüft werden muß. Wenn ich dagegen sage, der Konflikt wird in dieser Terminologie *ausgedrückt*, so meine ich, daß der »unbewußte Wille« *nichts anderes* ist als ein abgekürzter Ausdruck für mein merkwürdiges widerspenstiges Verhalten, daß er sich ganz und gar in diesem Verhalten erschöpft; so daß die Frage keinen Sinn hat, ob der unbewußte Wille auch wirklich besteht. Es wäre so, wie wenn einer sagte: Die Wolken eilen dahin, die Blätter fliegen durch die Luft, es saust und braust – aber gibt es wirklich den Wind? Was kann er meinen? Der Wind erschöpft sich in diesen und ähnlichen Produktionen; was soll noch dahinter stehen? Wenn ich nun sage: ich schließe aus meinem Verhalten auf das Dasein eines unbewußten Gegenwillens – in welcher der beiden Situationen bin ich, in der des Mannes, der den gestörten Schiffskurs auf der Karte sieht und denkt »da wird ein Orkan gewesen sein«, oder in der des Mannes, der den Aufruhr der Elemente sieht und sagt: »Was für ein Orkan!«? Freud hat die erste Auffassung, Russell und die Behavioristen die zweite. – Mir scheint es, daß der letztere Standpunkt den Tatsachen nicht ganz gerecht wird. Denn wenn ich in dem unbewußten Willen eine zweckmäßige Konvention sehe, einen gewissen Typus von Verhaltungsweisen zu beschreiben, dann kann ich diese Sprechweise immer wählen, wo ein gewisser Ablauf von Handlungen vorliegt, und man kann dann nicht fragen, ob diese Beschreibung »berechtigt« ist oder nicht. Aber man kann sich kaum des Eindrucks erwehren, daß diese Ansicht zu vereinfacht ist und etwas Gekünsteltes hat. Denn alle Fälle, die so *erscheinen*, als ob ein Gegenwille vorhanden wäre – obwohl der Handelnde selbst nichts davon verspürt –, werden einfach mit der Etikette »unbewußter Wille« versehen. Aber stimmt das zu dem Hintergründigen, Vieldeutigen, schwer Faßbaren, das dem menschlichen Verhalten eigen ist? Es könnte ja sein, daß ein Mensch sagt, daß er A will und es auch ehrlich will, aber in der Ausführung durch verschiedene widrige, unerwartete Umstände gehindert wird, ja daß er sogar Fehlleistungen aufweist, für die er aber sozusagen »nichts dafür kann«, daß er etwas versäumt, vergißt, unterläßt, daß er in einem wichtigen Augenblick versagt, weil er ermüdet, unausgeschlafen ist, u. zw. aus Gründen, die außerhalb seiner Macht lagen, so daß man nicht sagen kann, er habe sie »arrangiert«. Und wenn es so aussieht, als ob er von einem geheimen Gegenwillen beseelt wäre, könnte dies nicht das Ergebnis einer Reihe wiederholter Zufälle sein? Solche Möglichkeiten werden von vornherein ausgeschlossen, wenn man sie definitorisch mit der Aufschrift »unbewußter Wille« versieht. Was würden wir sagen, wenn jemand erklärte »wo immer ein Schiff von seinem normalen Kurs abweicht, da schreibe ich das einem Orkan zu; ich will eben das Wort Orkan so gebrauchen«? Wir würden finden, daß dies ein willkürliches und gewalttätiges Umgehen mit dem Sprachgebrauch ist. Das ist aber die Position derjenigen Psychologen, die alles, was wie Widerstand aussieht, einem unbewußten Willen zuschreiben und dann erklären, daß dies eben nur eine andere Sprechweise zur Beschreibung eines solchen Verhaltens ist. Der unvoreingenommene Beobachter wird sich bemühen, in einem konkreten Fall zunächst einmal herauszubekommen, ob ein Verhalten ein scheinbarer oder ein wirklicher Widerstand ist. Und dazu gibt es auch eine gute Methode: man kann durch eine seelische Behandlung einen Menschen bekanntlich dahin bringen, daß er sich zu dem Gegenwillen *bekennt*, nicht in dem Sinne, daß er uns bisher etwas vorgemacht hat und nun die Komödie aufgibt, sondern, daß eine Willensregung, die er verdrängt hatte und die ihm unzugänglich war, nun ins Bewußtsein durchbricht mit allen Zeichen einer seelischen Erschütterung. *Das* ist also das wahre Kriterium, das uns berechtigt, von einem unbewußten Willen zu sprechen. Solange wir *nur* das Verhalten hatten, kann die Rede von einem unbewußten Willen nicht mehr sein als eine Hypothese, die ihre Berechtigung erst ausweisen muß.

Es ist also möglich, dasselbe zu wollen und nicht zu wollen: u. zw. entweder in dem unscharfen Sinn, daß man A will, B nicht will, obwohl man A ohne B nicht erlangen kann; oder in dem strengen Sinne, daß man zwei entgegengesetzte Willensregungen, Antriebe in sich spürt; oder daß man A will, aber einen unbewußten Gegenwillen hat.

Kann man dasselbe bewußt und unbewußt wollen? Was soll das heißen? Etwas unbewußt wollen heißt: sich so verhalten, als ob man es wolle, und [Hier bricht der Text ab.]

12

Wie kommt es zu einem Entschluß?

Beginnen wir mit einem ganz einfachen Beispiel. »Während ich spreche, bemerke ich eine Nadel auf dem Boden oder ein Stäubchen auf meinem Ärmel. Ohne die Unterhaltung zu unterbrechen, wische ich das Stäubchen weg oder hebe die Nadel auf. Ich fasse keinen ausdrücklichen Entschluß, sondern die bloße Wahrnehmung des

Objekts und der flüchtige Begriff des Akts scheinen diesen ganz von selbst herbeizuführen. Ähnlich sitze ich nach dem Essen am Tisch und merke, daß ich von Zeit zu Zeit Nüsse oder Trauben aus der Schale nehme und esse. Mein eigentliches Mittagsessen ist vorüber, und in der Hitze des Gesprächs werde ich kaum gewahr, was ich tue; aber die Wahrnehmung der Frucht, und der flüchtige Gedanke daran, daß ich sie essen könnte, scheinen den Akt unvermeidlich zu veranlassen.« (James, »Psychologie«, S. 423 f.)[3] Man wird dem kaum den Namen einer Willenshandlung geben; die Dinge, die da angeführt werden, tut man *automatisch*, wie man sagt. Aber Wille ist insofern daran beteiligt, als wir sie, durch Lenkung der Aufmerksamkeit, auch hätten unterlassen können. Das unterscheidet eine solche automatische Handlung von einem Reflex – zum Beispiel dem Tränenerguß des Auges, wenn ein Kohlenstäubchen hineinfliegt – auf den der Wille keinen Einfluß hat.

Nun nehmen wir den Fall, daß am Anfang etwas wie ein Anstoß da ist. »Ein Mensch sagt sich zum Beispiel: ›Ich muß meine Kleider wechseln‹, und ganz unwillkürlich hat er seinen Rock ausgezogen und seine Finger sind dabei, sich in gewohnter Weise mit seinen Westenknöpfen zu befassen usw., oder wir sagen: ›Ich muß hinuntergehen‹, und ehe wir wissen, sind wir aufgestanden, gegangen und haben die Türklinke aufgemacht; – alles infolge der Vorstellung, verbunden mit einer Reihe von leitenden Empfindungen, die nacheinander auftreten.«

3 William James, *Prinzipien der Psychologie*, übers. von Marie Dürr, Leipzig: Quelle & Meyer, 1909; engl. Originalausg.: *The Principles of Psychology*, New York: H. Holt & Co., 1890, reprogr. Nachdr. New York: Dover, 1950, Bd. 2, S. 522 f.

(James, a. a. O., S. 421.)[4] Ist dieser erste Anstoß eine Willensregung? Oder ist es die bloße Vorstellung des Kleiderwechselns (oder des Hinuntergehens), welche die Handlung auslöst? Wie immer dem sein mag, zum *deutlichen* Willen kommt es erst, sobald ein Widerstand auftaucht, der sich in den Weg stellt. Nehmen wir den Fall, daß ich sage: »Ich muß hinuntergehen«, automatisch zur Tür gehe und die Klinke herunterdrücke – aber sie bewegt sich nicht! Dadurch wird der natürliche Abfluß des Tuns unterbrochen. »Während ich früher vielleicht an ganz andere Dinge gedacht habe, richtet sich nun meine ganze Aufmerksamkeit auf die Türe, ich rüttle heftig, die Spannung meiner Muskeln kommt mir zum Bewußtsein, ich erlebe eine Anstrengung, die auf Überwindung eines Widerstandes gerichtet ist, die Vorstellung des Aufgehens der Tür steht deutlich und stark als Vorstellung da. Ich ›will‹ die Tür öffnen.« (Schlick, »Fragen der Ethik«, S. 25.)[5] Das ist der einfachste, durchsichtigste und weitverbreitetste Fall der eigentlichen »Willenshandlung«.

James sagt: »Wo eine Bewegung *ohne Zögern und unmittelbar* auf die Vorstellung derselben erfolgt, haben wir es mit einer ideomotorischen Handlung zu tun. Es kommt uns dabei zwischen der Konzeption und der Ausführung nichts zum Bewußtsein.« (A. a. O., S. 423.)[6] Danach wäre das Rütteln an der Tür, wenn sie nicht aufgehen will – eine Handlung, die »ohne Zögern und unmittelbar« erfolgt – zu den ideomotorischen Handlungen zu rechnen und *nicht* zu den Willenshandlungen – was

4 James, *Principles of Psychology*, Bd. 2, S. 519 f.
5 Moritz Schlick, *Fragen der Ethik*, Wien: Springer, 1930.
6 James, *Principles of Psychology*, Bd. 2, S. 522.

gewiß schlecht zum Sprachgebrauch stimmt. Ich meine, daß der wesentliche Unterschied zwischen ideomotorischer und Willenshandlung in der *Überwindung eines Widerstandes* liegt und in dem damit verbundenen *Aufwand an Aufmerksamkeit,* und dem Gefühle der *Anstrengung*; wenn ich im Eifer des Gesprächs von den Trauben vor mir nehme und kaum merke, was ich tue, so fehlt es an Widerstand, an Aufmerksamkeit und an Anstrengung; *deshalb* ist es eine ideomotorische Handlung. Wäre ich etwa als schüchterner Gast irgendwo zu Besuch und müßte erst meine Schüchternheit überwinden, dann hätte ich gewollt.

Aber nicht alle Willenshandlungen gehen aus *Entschlüssen* hervor. Ein Entschluß setzt eine vorangegangene Überlegung oder einen Kampf widerstreitender Motive voraus, und ist etwas, das sich als das Ergebnis eines seelischen Kampfes darstellt. Wir wollen nun verschiedene Typen der Entschlußbildung betrachten.

Setzen wir den Fall, ich komme nach einem inneren Kampf zu einem Entschluß. Was geht da eigentlich vor? Es gibt da zunächst eine Phase des Überlegens, des Abwägens, des hin und her Gezerrtseins zwischen widerstreitenden Vorstellungen, Wünschens, [von] Willensregungen, Motiven. Die Gründe kommen zu Worte; die Gegengründe; man wägt ab und entscheidet; es ist wie ein Gerichtsverfahren vor einem unsichtbaren Gerichtshof, mit zwei Parteien, die einander gegenüberstehen; und tatsächlich nimmt die Überlegung oft die Form eines Dialogs an. Und wenn ich schließlich entscheide, so weiß ich, warum ich zu diesem Entschluß gekommen bin: ich kann auf alle die Argumente hinweisen, die mich dazu bestimmt haben; und es wird schwer sein, mich davon abzubringen; und ich selbst werde einen solchen Entschluß kaum ändern, es sei denn, daß neue Fakten auftauchen, die, wie im Falle des Gerichtsverfahrens, eine neue Verhandlung nötig machen. Man könnte dies den Vorgang der *rationalen Willensbildung* nennen.

Ganz anders steht es mit dem Fall, daß man eine das Leben tief berührende Entscheidung zu fällen hat; dies ist dann nicht nur Sache der Überlegung, der kühlen Beurteilung und des Richtigfindens. Wir selbst sind irgendwie an dieser Entscheidung beteiligt. Der Entschluß scheint aus einer viel größeren Tiefe aufzusteigen, und die Vernunftgründe erweisen sich nicht selten als ohnmächtig. Alles in uns, auch im ermüdeten oder Schlafzustande, arbeitet mit an der Entscheidung, sie saugt, wie eine Pflanze, Säfte aus unserem ganzen Wesen an sich, nicht nur aus dem Intellekt oder unseren fertigen Anschauungen und Wertungen. Wir fühlen, daß uns ein solcher Entschluß sehr tief angeht, daß wir selbst uns vielleicht in ihm ändern können. Wir haben nicht nur den Entschluß, wir haben *uns selbst* sozusagen in der Hand; und darum kann uns in einer solchen Lage auch niemand raten oder helfen. Niemand in der Welt kann für uns entscheiden, so wenig wie jemand für uns leben kann. In solchen Entschlüssen drücken wir uns aus, verwirklichen wir uns, d. h. wir verhelfen einer der Möglichkeiten, die in uns schlummern, zum Durchbruch. Dem entspricht es, daß die Willensbildung anders vor sich geht. Wir warten ab, bis es in uns »reift«. Es nützt gar nichts, uns in Hin und Her, in Argumenten Pro und Contra zu verzehren. Eines Tages, wir wissen nicht wie, ist der Entschluß da: es hat sich irgend etwas geklärt, durchgesetzt, das Schwanken ist zu Ende, wir wissen auf einmal, was wir wollen. Das ist, wie gesagt, kein rationaler Prozeß, obwohl man schließlich zu der Überzeugung gekommen ist, daß dies »das Richtige« ist. Warum es das Richtige ist, das fühlt man, kann es aber kaum überzeugend in Worte fassen. Gründe kann man natürlich immer finden, aber es ist ziemlich sicher, daß man das, was man will, nicht aus diesen Gründen tut. Es ist eher so, daß der Wille sich Gründe auswählt, um einen Schein von Rationalität zu wahren.

Aber gibt es nicht auch den Fall, daß es nach uferlosen Überlegungen, nach langem Hin und Her, plötzlich einen Ruck in mir gibt und ich sage: jetzt will ich? Mag sein; ich bin des Schwankens müde geworden, gebe mir einen Ruck und wähle; fast möchte man sagen, gleichviel, was. Jedes Wählen ist besser als dieses Schwanken. In diesem Zustand der Unentschlossenheit kann es sein, daß kleine unerhebliche Dinge eine Rolle spielen oder das Zünglein der Waage zum Umschlagen bringen: ja, man läßt den Zufall oder den Aberglauben (die Rockknöpfe) entscheiden. Andererseits ist das die Art von Entschlüssen, die sehr locker sitzt und, wenn die Dinge irgendeine unerwartete Wendung nehmen, sofort widerrufen werden. In ihm ist nicht viel »Wille«.

Ein anderer Typus des Entschlusses ist der: man fühlt eine Nötigung, etwas Bestimmtes zu tun, fast wie eine Stimme, die in einen dringt, aber man entzieht sich ihr, gibt es auf, schützt etwas vor, während man doch im Grunde seines Herzens weiß, daß es damit nicht sein Bewenden haben wird; in der Tat die Stimme kommt wieder und läßt nicht ab, bis man es schließlich tut: der Prophet, der sich seiner Aufgabe entziehen möchte und heimgesucht wird. Es mag sich um etwas handeln, das im Geist erwogen ist, aber vor dem man zurückschaudert: der Selbstmörder, der nach langem Zögern und vielen Ansätzen sich schließlich umbringt; der Attentäter, der schließlich abdrückt; Macbeth, der schließlich die Untat begeht. Man könnte hier von Vorwellen des Willens sprechen.

Etwas anderes zeigt sich in der oft verschleppten, verzögerten Ausführung. Da kann es sein, daß die Tat weniger ist als man wollte; daß man sich in Kleinigkeiten verzettelt, ohne zum Ganzen zu kommen. Die gerade Linie zur Handlung wird auf halbem Wege umgebogen und es kommt etwas merkwürdig Gebrochenes zustande: die Menschen, die sich dem inneren Ruf zwar nicht entziehen, aber dann stehenbleiben, die Kompromißmacher, die aus allerlei Bedenken und Rücksichten nie zu dem kommen, wozu es sie eigentlich treibt, die Lauen, die vielen, die eine halbe Maßnahme treffen, die zwar etwas tun, das aber nur eine Abschlagszahlung an das innere Gebot ist.

Diametral entgegengesetzt sind die Menschen des zähen, verbissenen Willens, die trotz aller Ungunst der Verhältnisse ein Ziel jahrelang festhalten, die alles auf sich nehmen, sich verstellen und geduldig warten, bis sich ihnen eine Gelegenheit zur Ausführung bietet, die sie dann blitzschnell ergreifen und mit größter Umsicht, mit virtuoser Ausnutzung aller Umstände zu ihrem Vorteil zu gebrauchen wissen. Die Zähigkeit und Beharrlichkeit ihres Wollens kontrastiert dann seltsam mit der leichten Beweglichkeit und Elastizität, die sie in der Ausführung bezeugen.

Von all diesen Fällen verschieden ist der sanguinische

Entscheidungstypus. Hier bedarf es keiner langen Vorbereitungen, keiner inneren Auseinandersetzungen, keines Zweifels, keines zermürbenden Konflikts feindlicher Motive. So wie ein Ziel lockt, das erreichbar scheint, ist auch schon der Entschluß da, wie es scheint fast ohne jede Anstrengung. Die Widerstände sind bei diesen Menschen stärker herabgesetzt. Die Folge ist ein leichtes und schnelles Handeln, begleitet entweder von einer gewissen Sorglosigkeit und dem Gefühle, daß »es schon gut ausgehen werde«, oder von purer Freude an der Energieentladung, oder sogar von einem Enthusiasmus, der etwas Ansteckendes hat. Jeder kennt diese impulsiven, quecksilbrigen, optimistischen Naturen, die unaufhörlich in Bewegung sind, immer mit tausend Plänen beschäftigt, übersprudelnd von Leben, von keinem Mißerfolg entmutigt und gleich bereit, sich irgend in ein neues Unternehmen einzulassen. Da aber die Widerstandsgrenze so gering ist, haben wir das paradoxe Ergebnis, daß sie trotz des vielen und mühelosen Wollens gar nicht so recht zum Erlebnis des Wollens kommen: sie sind keine »Willensnaturen«, der Wille in seiner langsamen, ruhigen Wucht bleibt ihnen im Grunde unbekannt.

Ich kannte einen Mann, der sich in einer lebenswichtigen Frage lange nicht entscheiden konnte; er zögerte den Entschluß Woche um Woche hinaus, ohne mit sich ins reine zu kommen. Eines Tages war alles so heiter, der Himmel so leicht, der Tag so unbeschwert, er selbst so voll von frischem Mut, und – plötzlich waren alle die Bedenken, die abmahnenden Gründe fortgeblasen, ein leichter Mutwille erfüllte ihn wie ein Schwindel, und er entschloß sich zu dem Schritte. Was in einem solchen Fall vorgeht, ist eine Veränderung in der gesamten

Wertskala, ein Transponieren einer Melodie von Moll in Dur – die ganze Welt mit ihren Gefühlstönungen ist plötzlich anders geworden. – Auch das Umgekehrte kommt vor: der Übergang von einer leichtsinnigen zu einer ernsten Verfassung, die einem die Dinge tiefer, gewichtiger, bedeutender erscheinen läßt. Die bisherigen Vergnügungen erscheinen uns schal und nichtig, ein Gedanke, den wir bisher vielleicht abgewiesen hatten, tritt in seiner ganzen Größe vor uns hin, ein neuer Ernst erfüllt uns. Wir vernehmen etwa plötzlich die tragischen Akzente dieses Daseins. In einer solchen Änderung kann man sich zu einem Entschluß aufraffen, zu dem man sonst vielleicht nie die Kraft gehabt hätte. Viel von dem, was von Bekehrungskrisen berichtet wird, gehört hieher: der Betreffende schaut um sich, als ob er plötzlich aus einem Traum erwacht wäre, und alles erscheint ihm neu und verändert. Er kann sein bisheriges Leben nicht verstehen, er ist von der Änderung in seinem Innern so erschüttert, daß er darin das Eingreifen einer übernatürlichen Macht sieht.

Die Änderung der Betonung ist übrigens nie etwas Isoliertes: sie geht in der Regel Hand in Hand mit einer Änderung in der gesamten Einstellung, den Zielen, die man sich setzt oder die man billigt, der Perspektive, unter der man die Dinge sieht, ja den theoretischen Überzeugungen, die man sich bildet. Wie ist das nun – wenn eine neue Wahrheit, sagen wir eine religiöse oder politische Lehre oder Überzeugung in uns Eingang findet, hängt das von unserem Willen ab? Nicht so sehr vom Willen, als von all den Umständen, die uns ihrer Annahme günstig oder ungünstig stimmen, aber man wird auch eines Willensmoments gewahr. Nehmen wir den Fall, daß uns eine Ansicht nicht »paßt«, weil sie sich mit unseren Interessen, unserer Selbstschätzung, unserem Ehrgeiz nicht verträgt oder in unser Weltbild nicht hineinpaßt. Eine solche Ansicht stößt auf unseren *Widerstand.* Wenn wir sie dennoch in Betracht ziehen und uns mühen, sie unparteiisch zu prüfen, so ist das eine Willensleistung. In diesem Sinne muß man sagen, daß selbst rein theoretische Überzeugungen oft vom Willen durchädert sind; daß es einer gewissen Willenshaltung bedarf, um sie sich zu erwerben oder auch nur an ihnen festzuhalten. – Das, was die Religion »Glauben« nennt, enthält natürlich immer einen stark willentlichen Einschluß: »glauben« ist ja nicht einfach ein intellektuelles Fürwahrhalten, sondern eher ein freiwilliges Annehmen, eine Unterwerfung unter eine Autorität, oder ein Zumopferbringen, eine Unterdrückung der eigenen Kritik; was sich ja in der Redeweise »Glauben schenken« verrät. – Umgekehrt kann eine Überzeugung die Art des Willens ändern. Wer Fatalist ist, wird sich in sein Schicksal ergeben; wer an die Beeinflußbarkeit des Charakters glaubt, wird an sich arbeiten; wer an den Fortschritt glaubt, wird sich bemühen, in den Gang der Geschichte einzugreifen, usw.; obwohl die Sache wieder dadurch verwirrt wird, daß solche vermeintliche theoretische Überzeugungen oft nur der intellektualisierte Ausdruck einer Willensrichtung sind.

Man könnte die Meinungen in zwei Klassen zerlegen: in solche, die sich mit unserer »Einstellung« oder unserer »Wertskala« ändern, und in solche, die es nicht tun. Ich möchte argwöhnen, daß die zweite Klasse leer ist. Denn der Wille reicht bis in unsere geistigsten Akte hinein. Daß z. B. diese Außenwelt real ist und nicht ein Traum, damit hat unsere Wahrnehmung und Überlegung, aber auch unser Willensleben etwas zu tun. Wer weiß nicht, daß einen bisweilen eine Stimmung überkommt, in der einem alles unwirklich erscheint:

O weh, wie sind verschwunden alle meine Jahr'!
Hat mir mein Leben geträumet oder ist es wahr?

Wer nichts hofft und nichts fürchtet, dem entgleitet die Welt: er sieht sie zwar noch, ist aber wie durch eine Glasmauer von ihrer Wirklichkeit getrennt; sie ist zwar »da«, aber sie ist nicht mehr ganz die alte, vertraute Welt, sie hat ein Etwas verloren, es ist, wie wenn sich ein Schatten auf die Sonne gelegt hätte. Das zeigt das Mitwirken der Willenseinstellung bei der Bildung des Realitätsbegriffs – oder des Realitäts*gefühls*, wie ich eher sagen könnte. Es wäre z. B. die Frage, ob ein Wesen, das einer Gefühlsregung überhaupt nicht fähig ist, zu derselben Auffassung der Realität käme. In dem Glauben an die Realität der Außenwelt scheint mehr zu stecken als bei den gewöhnlichen Analysen der Schulphilosophen herauszukommen pflegt.

Ich schreibe ein Gedicht. Es ist als ob ich einem inneren Diktat gehorche, ich lausche auf die Worte, die aufsteigen wie kleine, funkelnde Bälle, duftend nach Geheimnis und unergründlicher Nacht. Aber ganz so ist es nicht: Ich weise Einfälle zurück, ich siebe und sichte; und darin liegt eine Art Willenstätigkeit. Der Einfall ist freilich nicht von mir; aber was ich aus ihm mache, ob ich ihm heil ins Dasein verhelfe oder ob er auf der Reise verstümmelt wird, das steht bei mir, und *ich* bin dafür verantwortlich. Ich kann von einem Gedicht nicht recht sagen, daß ich es schreibe, noch daß es sich selbst schreibt, noch daß es von einem geheimnisvollen Dritten durch mich hindurch geschrieben wird. Aktiv, Passiv und Reflex versagen: man brauchte eigentlich eine neue Verbform, um den Prozeß auszudrücken.

Diese Beispiele sollten nur zeigen, wie tief der Wille Denken und Schaffen durchdringt, selbst in Fällen, in denen es auf den ersten Blick nicht danach aussieht. Kehren wir nun wieder zur Betrachtung der Typen der Willensbildung zurück. Da ist der Fall des friedfertigen oder furchtsamen Menschen, der immer geduckt wird oder dem man Possen spielt, bis er sich eines Tages zu etwas aufrafft, das ihm niemand zugetraut hätte, auch er selbst nicht, so daß er vor seiner eigenen Kühnheit erschrickt. Dieser Mensch ist nachher seiner Tat nicht gewachsen: er schrumpft zusammen, wird klein und unbedeutend. Aber im Moment der Tat hebt ihn etwas über sich hinaus, so daß der, der die Tat begeht, eigentlich nicht derselbe ist wie der, der sie später betrachtet und dazu ein verdutztes Gesicht macht. Man könnte hier von einer unerwarteten Willensexplosion reden.

Oder nehmen wir den Fall, daß ein Mensch lange hin- und herschwankt, weil er sich etwa noch über die Lage orientiert oder weil ihm die Gründe noch nicht triftig genug erscheinen. Aber durch irgendeinen Zufall kommt in ihn Bewegung, er macht einen kleinen Schritt, und nun kommt von allen Seiten Zuzug und Verstärkung heran, und in dem Maße, wie er zu handeln beginnt, bildet sich erst der Wille und sein Entschluß steht fest. Das hat eine Verwandtschaft damit, daß einem manchmal ein Gedanke erst kommt, während man darum bemüht ist, ihn auszudrücken. Wenn man den Satz anfängt, fühlt man etwa nur verschwommen, in welche Richtung es geht bis einem während des Sprechens der

Gedanke klar wird, den man aussprechen wollte. So wie man sich oft im Reden über seine Gedanken klar wird, so kann es sein, daß sich erst während des Handelns der Wille bildet.

Ein schönes Beispiel dafür, wie sich der Gedanke *und* der Wille erst während des Redens bilden, wird von Kleist angeführt in seinem Aufsatz »Über die allmähliche Verfertigung der Gedanken beim Reden«. »Ich glaube, daß mancher große Redner, in dem Augenblick, da er den Mund aufmachte, noch nicht wußte, was er sagen würde. Aber die Überzeugung, daß er die ihm nötige Gedankenfülle schon aus den Umständen und der daraus resultierenden Erregung seines Gemütes schöpfen würde, machte ihn dreist genug, den Anfang, auf gutes Glück hin, zu setzen. Mir fällt jener ›Donnerkeil‹ des Mirabeau ein, mit welchem er den Zeremonienmeister abfertigte, der nach Aufhebung der letzten monarchischen Sitzung des Königs am 23. Juni, in welcher dieser den Ständen auseinander zu gehen anbefohlen hatte, in den Sitzungssaal, in welchem die Stände noch verweilten, zurückkehrte, und sie befragte, ob sie den Befehl des Königs vernommen hätten. ›Ja‹, antwortete Mirabeau, ›wir haben des Königs Befehl vernommen‹; ich bin gewiß, daß er bei diesem humanen Anfang noch nicht an die Bajonette dachte, mit welchen er schloß: ›Ja, mein Herr‹, wiederholte er, ›wir haben ihn vernommen‹. Man sieht, daß er noch gar nicht recht weiß, was er will. ›Doch was berechtigt Sie‹, fuhr er fort – und nun plötzlich geht ihm ein Quell ungeheurer Vorstellungen auf – ›uns hier Befehle anzudeuten? Wir sind die Repräsentanten der Nation.‹ – Das war es, was er brauchte! ›Die Nation gibt Befehle und empfängt keine‹, – um sich gleich auf den Gipfel der Vermessenheit zu schwingen. ›Und damit ich mich Ihnen ganz deutlich erkläre‹ – und erst jetzo findet er, was den ganzen Widerstand, zu welchem seine Seele gerüstet dasteht, ausdrückt –, ›so sagen Sie Ihrem König, daß wir unsre Plätze anders nicht, als auf die Gewalt der Bajonette verlassen werden.‹ – Worauf er sich, selbstzufrieden, auf einen Stuhl niedersetzte. ... Vielleicht, daß es – auf diese Art – zuletzt das Zucken einer Oberlippe war, oder ein zweideutiges Spiel an der Manschette, was in Frankreich den Umsturz der Ordnung der Dinge bewirkte.«

Dann gibt es noch etwas Merkwürdiges, das Robert Musil so beschreibt: »In dem Augenblick, wo *sie das* beschloß, war ihr zumute, als ob in ihre Empfindungen die Bewegung einer Masse käme, die lange gezögert hat; sie hatte sich bis dahin so zu tun gezwungen, als hätte sie Ulrichs Einladung, sie zu besuchen, vergessen, aber kaum lösten sich in der dunklen Masse ihrer Empfindungen die ersten nun langsam von der Stelle, so kam in die weiter entfernten schon ein unaufhaltsames Laufen und Drängen, und sie konnte sich nicht entschließen, aber der Beschluß war fertig, ohne sich um sie zu kümmern.« (»Der Mann ohne Eigenschaften«, Bd. 1, S. 989.)[7] »Es will in einem« könnte man sagen.

Wir haben im Anfang von der rationalen Willensbildung gesprochen. Es gibt auch etwas wie eine irrationale Willensbildung. Der gewöhnlichste Fall ist der, daß man einfach einem momentanen Impuls Folge gibt, ohne viel Gründen oder Gegengründen nachzufragen. Betrachten wir nun einen speziellen Fall irrationalen Handelns – daß

7 Musil, *Der Mann ohne Eigenschaften*, T. 1, Kap. 119, S. 617.

man etwas aus Aberglauben tut. Der Aberglaube mag ein sehr gutes Motiv sein wie jedes andere; der abergläubische Mensch tut etwas, weil er überzeugt ist, daß das Nichttun ihm Unglück bringen, ihm etwa das Übelwollen einer bösen Macht zuziehen würde. Setzen wir aber den Fall, daß jemand über seinem Aberglauben steht, d. h. irgendeine Regung in ihm recht wohl als abergläubisch erkennt und sich sogar darüber lustig macht; das braucht ihn doch nicht abzuhalten, ihr zu folgen. Wie kann nur ein aufgeklärter Mensch so abergläubisch sein, fragen wir entrüstet. Was in solchen Fällen vorgeht, ist vielleicht das: Er hört in sich eine Stimme, die ihm zuraunt: Tu das nicht oder es wird dir schlecht ergehen. Er mag dagegen ankämpfen und den Antrieb eine Zeitlang unterdrücken, aber er hat sozusagen kein gutes Gewissen dabei: der Mahner in ihm gibt keine Ruhe, und um von der quälenden Idee freizukommen, ist er schließlich der Klügere und gibt nach. So kommt es, daß der Unglückliche, der *intellektuell* nicht im geringsten der Täuschung zum Opfer fällt, dennoch außerstande ist, ihr zu widerstehen. Wie viele Menschen haben ein Schlafzeremoniell, ohne dessen peinliche Befolgung sie keine Minute ruhigen Schlafes fänden. Mögen die einzelnen Züge des Zeremoniells noch so läppisch und sinnlos erscheinen, das Opfer hat nicht die Kraft, sich ihnen zu entziehen, weil jeder solcher Versuch in einem schwer erträglichen Angstzustand endet. Die meisten Menschen haben eine Anlage zu seelischen Störungen. Das leitet zu dem weiten Gebiet der Zwangshandlungen hinüber, das von Freud und seiner Schule so eingehend studiert worden ist.

Dann kann es schließlich sein, daß man etwas will, es tut,

aber beim besten Willen nicht sagen kann, warum. Betrachtet man's nachher, so schüttelt man den Kopf und sagt: Ich weiß nicht, was da über mich gekommen ist. Das leitet zu den Fällen hinüber, wo der Wollende den Eindruck hat, daß der Impuls nicht von ihm ausgeht, daß etwas Fremdes in ihm »will«. Freud, »Vorlesungen«, S. 284: »Die Zwangsneurose äußert sich darin, daß die Kranken von Gedanken beschäftigt werden, für die sie sich eigentlich nicht interessieren, Impulse in sich verspüren, die ihnen sehr fremdartig vorkommen, und zu Handlungen veranlaßt werden, deren Ausführung ihnen zwar kein Vergnügen bereitet, deren Unterlassung ihnen aber ganz unmöglich ist.«[8]

Verschieden von der neurotischen Zwangshandlung, aber auch verschieden vom gesunden Willen, sind gewisse Formen des Tuns, die auf zu geringen Hemmungen beruhen. Man frage die Hälfte der Trunkenbolde, die man kennt, warum sie so oft der Versuchung zum Opfer fallen, und sie werden antworten, daß sie es meist selbst nicht wissen. Es handelt sich bei ihnen um eine Art Schwindel. Ihre nervösen Zentren sind zu einer Art von Schleuse geworden, deren Verschluß nicht mehr funktioniert, sobald irgendwie der Gedanke an eine Flasche oder an ein Glas auftritt. Sie haben keinen Durst nach dem Getränk; der Geschmack desselben kann ihnen sogar widerwärtig erscheinen, und sie sehen mit vollkommener Deutlichkeit den morgigen Kater voraus. Aber wenn sie an das Getränk denken oder es sehen, so merken sie, daß sie auch schon Anstalten machen zum Trinken und

8 Sigmund Freud, *Vorlesungen zur Einführung in die Psychoanalyse*, Kap. III.17, Frankfurt a. M.: Fischer, 1977 (Fischer TB 6348), S. 205.

vermögen sich nicht Einhalt zu tun: und mehr als das können sie nicht sagen. (James, a. a. O., S. 439.)
Ob diese unglücklichen Menschen wollen? Eigentlich nicht; sie wünschen eher das Gegenteil; aber es kommt bei ihnen nicht einmal zu einem Gegenwillen: es scheint, die Bahnen der gewöhnlich[en] Impulsentladungen sind bei ihnen so ausgeschliffen, daß ein ganz geringer Reiz genügt, das Tun auszulösen. Der »Verschluß« funktioniert bei ihnen nicht mehr.
Das entgegengesetzte Phänomen können wir studieren, wenn die Hemmung zu stark ist. Das Resultat ist dann, daß es überhaupt nicht zum Handeln kommt. Wer kennt nicht die Menschen, die sich nie zu einem Entschluß aufraffen können und sich und ihrer Umgebung zum Überdruß werden? Wenn sie vor eine Entscheidung gestellt sind, so wissen sie sorgfältig die Gründe und Gegengründe so auszubalancieren, daß das Resultat Null ist. Sie verstehen es, sich tausend Skrupel und Schwierigkeiten zu machen, und es ist wahrhaft bewundernswert, mit welchem Scharfsinn sie es anstellen, überall Hindernisse zu entdecken. In ihrer »Hilflosigkeit« wenden sie sich an einen anderen, scheinbar um sich Rat zu holen, sie hören ihm auch aufmerksam zu, entwickeln aber dann mit ganz bedeutender Geistesschärfe so viele Gegenargumente, daß man ihnen schließlich nur beistimmen kann; kaum droht aber die Waage der Entscheidung sich nach der anderen Seite zu senken, so wissen sie alsbald darin so viele neue ungeahnte Schwierigkeiten aufzuspüren, daß man den Eindruck erhält, daß es ihnen nur auf eines ankommt, Gründe zu gewinnen, sie in ihrer Unentschiedenheit verharren zu lassen. Nur nichts tun müssen, nur die Vernunft in dem endlosen Zirkel von

Möglichkeiten und Gegenmöglichkeiten sich abquälen lassen, um einer Entscheidung auszuweichen. – Man sieht an diesen Fällen erst so richtig, wie wenig der bloße Intellekt vermag, wie er eigentlich nur Argumente und Gegenargumente herbeischaffen kann, weil die einfachste Entscheidung im Leben stets an so viele Dinge rührt, daß die Rechnung nie glatt aufgeht. – Der Wille ist hier wie ein Fluß, der in der Wüste versickert, oder wenn man will: es gibt auch hier eine Art von Wollen (dessen man sich aber nicht bewußt ist), nämlich das, der Entscheidung um jeden Preis aus dem Weg zu gehen.

Da ist der Entschluß, den man faßt, weil man sich »in seine Lage ergibt«, d. h. weil man sieht, daß einem eigentlich kein anderer Ausweg übrigbleibt. Ich *möchte* gar nicht, aber – ich entschließe mich es zu tun, weil ich nicht ausweichen kann. Hier wird sich der Einwand melden: ist das eigentlich ein Entschluß, der aus meinem Willen entspringt, und nicht eher ein Kapitulieren vor der Notwendigkeit? Ganz richtig; aber dennoch ist etwas von Wille daran beteiligt: daß man die Lage *freiwillig* auf sich nimmt, sich dazu entschließt, obwohl man es eigentlich gar nicht mag. Es macht einen ungeheuren Unterschied, ob man sein Los auf sich nimmt, sich in das Notwendige fügt, oder es zähneknirschend tut, dagegen aufbegehrt, im Stillen sein Los verfluchend – wobei man mehr und mehr verbittert. *Insoferne* liegt also auch hier eine Willensleistung. Tut man das aber nicht, führt man eine gegebene Handlung aus, weil einem kein anderer Weg bleibt, protestiert aber dagegen laut oder im stillen, dann handelt man unter Zwang.

Ferner ist es zweierlei, etwas Wollen und bei dem Beschluß bleiben und ihn durchführen. Man hat mehrmals, sozusagen, heroische Zeiten, wo man den starken Entschluß faßt, und dann andere Zeiten, in denen man seinem Entschluß nicht gewachsen ist. Die Flut und Ebbe des inneren Meeres.

Dann gibt es etwas, das man den scheinbaren Willen nennen könnte. Man macht einen Aufwand, überwindet bedeutende Schwierigkeiten, um etwas zu erzielen – das man eigentlich nicht will, in dem Sinne, daß man sich nie dafür entschieden, *es gewählt* hat; sondern man tut es eben einfach, weil man es schon früher getan hat, weil es einem anerzogen und zur zweiten Natur geworden ist, weil es als das »Rechte« gilt, weil man seine eigene Achtung verlieren würde, wenn man es unterließe usw. Zu dem Erlebnis des Wollens kommt es eigentlich nicht. – Denken wir, wie vieles in der Welt geschieht – z. B. der Ausbruch eines Krieges – ohne daß eigentlich jemand etwas Bestimmtes will; sondern es kommt dazu, weil die Verhältnisse so liegen, daß so gut [wie] keine andere Möglichkeit übrigbleibt. Die russische Revolution von 1917 war nicht gewollt, geplant; sie ist *geworden* – einigermaßen zum Erstaunen derer, die daran beteiligt waren. So ist die Geschichte voll von Dingen, die wie Wille aussehen, es aber nicht sind; weil der ganze äußere [K]ampf da ist, aber das ausdrückliche Wollen fehlt. Man »will« hier eigentlich nur insoferne, als man es an Gegenwillen fehlen läßt.

Ein Entschluß, wie wir ihn eben betrachtet haben, wird kaum das Leben ändern, dazu reicht er mit seinen Wurzeln nicht tief genug hinab. Oder es kann sein, daß ein Entschluß aus unserem ganzen Wesen aufsteigt. In einem solchen Entschluß brechen wir dann zu einer der Möglichkeiten unseres Seins durch. Es ist aber noch etwas anderes möglich: der Entschluß kann die Form sein, in der wir von einer Änderung tief in uns zuerst Kunde erhalten. Das heißt, daß das Leben nicht geändert wird *infolge* des Entschlusses, sondern daß der Strom des Lebens schon eine Biegung nahm, daß schon alles tief vorbereitet war für die Wendung, daß in allen unseren Interessen, von uns selbst unbemerkt, eine Wendung eingetreten war, und daß die geänderte Richtung, die das Leben nimmt, uns zuerst zum Bewußtsein kommt in einem Entschluß. Der Entschluß ist dann ein Anzeichen für eine reale Veränderung in uns. – Was für weit auseinander liegende Dinge die Sprache doch mit demselben Wort bezeichnet!

Ich schließe mit einigen Fragen. Das Wollen scheint vom Temperament abzuhängen: hängt es auch vom Charakter ab? Ist z. B. das Wollen eines stolzen Menschen verschieden von dem eines demütigen – ich meine nicht in dem, was gewollt wird, sondern in der Art des Wollens? – Kann man mit Willen eine Meinung wählen? Kann man sich zum Wollen zwingen?

13
Motivation

Das sonderbare Problem stellt sich ein, wenn man über das nachdenkt, was eine Handlung bestimmt. Der Beweggrund, aus dem man etwas tut, wird das Motiv genannt. Nun sieht es so aus, als ob sich zwischen dem Motiv und der Tat etwas Drittes einschöbe, der Wille. Der Wille bringt die Tat hervor, und wird dabei geleitet von dem Motiv. Aber wie soll man sich das Verhältnis zwischen den dreien eigentlich denken? Bevor man sich zur Handlung entschließt, schwankt man zwischen mehreren Motiven, die uns in verschiedene Richtungen treiben, die miteinander unvereinbar sind. Man stellt sich nun vor, daß der Wille etwas ist, das in diesen Streit der Motive eingreift und einem von ihnen zum Siege verhilft. Fragt man nun, was den Willen bestimmt, so scheint die Antwort zu sein: das Motiv. Denn als Motiv fassen wir gemeinhin das auf, was den Willen in Bewegung setzt, den *Beweggrund*. Also: der Wille wählt, bestimmt das Motiv; aber wie kann er das, wenn er von dem Motiv bestimmt wird? Ferner: wenn der Wille von etwas anderem, dem Motiv, bestimmt wird, wie kann er dann der *Wille* sein, das, was bewegt? Dann käme ja dem *Motiv* die bewegende Kraft zu, und der Wille wäre eigentlich ganz überflüssig. Denn wenn das Motiv die Handlung bestimmt, so heißt das wohl, daß es die Handlung hervorruft, sie Wirklichkeit werden läßt. Genügt aber das Motiv zur Hervorbringung der Handlung – wozu dann der Wille?

Ich könnte die Situation nicht besser verdeutlichen als durch folgende Analogie: wenn man die Handlung mit dem Begriff der Bewegung in der Mechanik vergleicht – was entspricht dann eigentlich der Kraft: der Wille oder das Motiv? Das Seltsame ist, daß beide zur Antwort gegeben werden. In der Tat merkt man, daß man den Handlung auslösenden Charakter bald dem Willen beilegt, bald dem Motiv. Und das hat wieder seinen Grund in dem Sprachgebrauch. Auf die Frage: warum hast du so gehandelt? kann man erwidern: weil ich so gewollt habe (was nur heißt, daß ich mich aus freiem Willen zu dieser

Handlung entschlossen habe, nicht aus Zwang); oder: weil ich mich von dem und dem Motiv leiten ließ. Dieses eigentümliche Schweben zwischen Wille und Motiv wird sogar noch deutlicher, wenn man einen fragen würde: was drängte dich denn zu dieser Handlung? Darauf kann die Antwort sein: der Wille, oder: das Motiv. Wir müssen uns also zunächst darüber verständigen, was wir unter »Wille« verstehen wollen.

Es ist richtig, es gibt einen Kampf der Motive, die abwechselnd stärker oder schwächer vor uns hintreten und ihre Ansprüche geltend machen und von denen schließlich eines zum Sieger wird. Aber es ist nicht so, daß ein besonderer Akt in diesen Streit eingreift und ihm ein Ende macht, eben der Willensakt, sondern es ist eher der Vorgang des Sichdurchsetzens eines dieser Motive auf Kosten der anderen, des Niedersinkens der Waage auf der einen Seite und des Emporsteigens auf der anderen, der das Wollen ausmacht. Wir wollen in dem Maße als sich dieser Kampf einer Entscheidung zuneigt: solange sich die verschiedenen Motive die Waagschale halten, solange unsere Aufmerksamkeit hin und her schwankt, so lange *wollen* wir nicht; aber je deutlicher das eine Motiv aufsteigt und an Nachdruck gewinnt, desto deutlicher verspüren wir eben dies als Willensregung; woher es dann kommt, daß wir im Wettstreit der Motive, bald dieses bald jenes als Willensregung in uns aufsteigen spüren; und wenn dann schließlich der Kampf entschieden ist, so sagen wir eben: wir haben gewollt. Das Wollen *besteht* eben in der Entscheidung: es ist nicht eine Macht, welche die Entscheidung herbeiführt. Dieser Kampf vollzieht sich aber nicht so, daß wir dabei sozusagen teilnahmslose Zuschauer wären und nur neugierig mitansähen, wie die Motive einander den Platz streitig machen und sich auf der inneren Bühne zu verdrängen suchen: wir sind, auf eine schwer beschreibliche Weise, selbst irgendwie in diesen Motiven anwesend, wir identifizieren uns bald mit diesem, bald mit jenem Motiv, wir legen uns [in] sie hinein, geben ihnen unser eigenes Lebensblut, der Kampf zwischen ihnen erfüllt uns mit Unlust, Pein, und in den Momenten der Entscheidung verspüren wir ein Gefühl der Anstrengung. Man sagt ja auch: mir ist die Entscheidung *schwer* gefallen; was auf die Arbeit hindeutet, die sich dabei verbraucht; aber auch auf die Schwere des Verzichts, die in dem Preisgeben der anderen Möglichkeiten liegt, in denen sich die Phantasie bereits ergangen ist. Ist nicht das der Grund, warum eine Entscheidung, die uns anstrengt, oft etwas wie eine leichte Trauer hinterläßt? Wollen, wählen, heißt immer verzichten. – Andererseits verleiht einem der Entschluß, *wenn* er gefaßt ist, Kraft und Selbstvertrauen.

Ein Teil der Willensanstrengung rührt also her von dem fortgesetzten Anspannen der Aufmerksamkeit, dem Hin- und Herfahren, Vergleichen und Abwägen, dem Ertragen der Spannung und der Unsicherheit, die schon allein eine Qu[e]lle der Unlust abgibt. Langes Hin- und Herschwanken hat ja etwas Zermürbendes, und im ganzen scheint die Leichtigkeit, Entschlüsse zu fassen, die »Willenskraft«, von der Vitalität abzuhängen; geht es uns schlecht, sind wir müde oder krank, so kann uns der kleinste Entschluß eine unmenschliche Anstrengung kosten; wir brüten apathisch dahin, unfähig, uns zu irgendeinem Entschluß aufzuraffen, verschieben alles auf morgen, und lassen uns treiben; während wir im Zustand der Vitalität eine Frische und Leichtigkeit des Wollens haben. Haben wir aber einmal den Zustand des Zögerns überwunden, haben wir uns zu einem Entschluß aufgerafft, so erfüllt uns eben die Tatsache, *daß* wir eines Entschlusses fähig sind, allein schon mit Freude und Zuversicht. »Besser irgend etwas wollen, als nichts wollen!« sagen wir, und begrüßen den Entschluß mit Erleichterung. Wir merken dann erst, wie sehr uns das Zögern, das Hin und Her vor der Entscheidung ermüdet und aufgerieben hat. Ein anderer Teil der Anstrengung geht auf Kosten des Sichlosreißens von einem Motiv, das unsere Einbildung bereits gefangengenommen hat, in dem Aufgeben von Plänen, Wünschen, Hoffnungen, vielleicht Tagträumen, die sich bereits in uns eingenistet haben und die nun ausgerissen werden müssen. Ein Entschluß fällt uns um so schwerer, je mehr wir uns dabei *überwinden* müssen, sei es, daß wir unsere Neigungen für das opfern, was wir als unsere Pflicht erkennen, sei es, daß das, wozu wir uns entschlossen haben, uns »gegen den Strich geht« und irgendwie nicht recht mit unserer Natur vereinbar ist. Und selbst wenn nicht Neigung gegen Pflicht, sondern Neigung gegen Neigung streiten, bleibt ein Bodensatz von Trauer, von unerfülltem Verlangen zurück. So seltsam ist der Mensch: die Vernunft sagt: du kannst nicht beides haben; entschließe dich für das eine und laß das andere fahren! Das Verlangen aber ist so töricht, daß es beides haben möchte und sich in den Verzicht des einen nur mit Wehmut ergibt.

Im Kampf der Motive wird ein Motiv überwunden. Und eben das – und das Gefühl der Anstrengung, das man dabei erlebt, ist ja für das Wollen charakteristisch.

Was geschieht nun eigentlich im Falle des Widerstreites der Motive? Man beschreibt die Sache wohl zu einfach, wenn man sagt, daß hierbei ein eigentümliches Schwanken der Aufmerksamkeit eintritt, ein »mehr oder weniger rascher Wechsel von Vorstellungen, die abwechselnd schwächer und stärker, deutlicher und verschwommener werden, verschwinden und hervortreten« (Schlick). Es ist ja oft gar nicht so, daß es überhaupt zu bildhaften, klaren Vorstellungen kommt: ich lasse die Gedanken bald in diese, bald in jene Richtung schweifen, mit all der Unbestimmtheit, die dem Denken eigen ist. Es sind Vorgänge, die schattenhaft sind, ich weiß zwar, woran ich denke, aber es wäre schwer, dabei bestimmte Vorstellungen zu gewahren, die den Kern dieser Gedanken ausmachen sollen. Also ein Stärker- oder Schwächerwerden von *Bildern* ist dieser Kampf nicht, oder nur in ganz primitiven Fällen. Was geht denn vor?

Ich möchte sagen: Motive strömen durch uns, ziehen uns ein wenig mit, und verändern uns etwas. Je nachdem, ob wir uns diesem oder jenem Motiv zuneigen, sehen wir die Dinge unter einem verschiedenen Winkel, die Gewichtsverteilung ist eine andere, ja wir selbst sind nicht genau dieselben. Ein Motiv auf sich wirken lassen, heißt nicht bloß: es theoretisch betrachten. Die Fiktion ist die, zu meinen, ein Subjekt, den Betrachter festhalten zu können, der, während er ein Motiv nach dem anderen ins Auge faßt, selbst ganz unberührt bleibt. Aber die Motive sind ja ein *Teil* des Betrachters, sie gehören zu ihm, wir können ihn nicht deutlich von den Motiven unterscheiden. Ich kann nicht sagen: hier bin ich, hier sind meine Motive. Nein, die Sache geht tiefer: wenn wir lebhaft von einem Motiv ergriffen sind, so sind wir in einem etwas anderen Zustande, einem anderen »seelischen Feld«: die Linien des Interesses nehmen einen anderen Verlauf, die Wünsche, Pläne, Aussichten, Erwartungen schließen sich in anderer Weise zusammen, die Möglichkeiten ergeben neue Konfigurationen, die Betonungen ändern sich, Perspektiven tauchen auf oder verschwinden. Jedes Motiv ist sozusagen ein Mittelpunkt, um den sich unsere momentanen Gedanken, Wünsche, Urteile, Neigungen gruppieren und zu einer Art Feld anordnen. Paradox ausgedrückt, der Wollende ist je nachdem, was er will, ein anderer. Diese Veränderung ist in der Regel recht schwach, aber doch wie ein leises In-Schwingung-Geraten der Möglichkeiten, die in einem liegen. Werden diese Schwingungen stärker, so merkt man, daß die Persönlichkeit in Gefahr gerät, ihre Einheit zu verlieren: man steht dann vor einem jener Entschlüsse, die schicksalhaft sind; man fühlt, daß es ums Sein geht.

Das wirft ein Licht auf die Frage, warum man bei tiefreichenden Entschlüssen nicht so schnell mit sich fertig wird. Man probiert sozusagen verschiedene Konfigurationen von Wünschen und Erwartungen aus, man begibt sich, in Gedanken, in verschiedene Lebenslagen und muß die finden, die das Gleichgewicht am wenigsten stört. Es ist weniger ein Wählen, als ein Experimentieren mit sich selbst, ein Abwarten, bis es sich in einem »klärt«. Und wir verstehen nun, daß dies wesentlich ein versuchsweises Erleben und nicht – rein gedankliche Beurteilung ist.

14
Wie kommt man auf ein Motiv?

Was das Motiv ist, kann man dadurch untersuchen, daß man fragt: woran erinnert man sich, wenn man sich darauf besinnt, warum man etwas getan hat? Im allgemeinen werden das Gedanken sein, die man vor oder während der Handlung hatte. Ich erinnere mich z. B. daran, heute gesagt zu haben: »Jetzt ist es mir aber zu heiß, ich muß ins Wasser gehen.« Nun, dann war dieser Gedanke das Motiv des Badens. Ich kann diese Worte still oder laut gesagt haben, zu mir oder zu anderen Menschen. Aber auch wenn ich nichts dergleichen gedacht habe, sondern nur unter der Hitze litt und ins Wasser gegangen bin, werde ich die Hitze als das Motiv des Badens bezeichnen. Vielleicht habe ich mir das Baden vorgestellt und dabei ein angenehmes Gefühl gespürt und dergl. mehr. Nun sind wir aber versucht zu glauben, daß all diesen Vorgängen etwas gemeinsam sein müsse, was uns berechtigt zu sagen, wir hätten gebadet, *weil* es heiß war. In Wirklichkeit kann das Motiv einer Handlung sehr verschieden aussehen – ein sprachlich formulierter Gedanke, eine Vorstellung, ein Gefühl, oder etwas, das man erst hinterher angibt; und es gibt keinen Grund zur Annahme, daß hinter all diesen Vorgängen derselbe Geisteszustand stehen müsse.

Wir haben die Motive bisher als Größen behandelt, die klar und deutlich vor uns stehen und ihren Anspruch auf uns geltend machen. Aber ganz so ist es nicht; sicherlich nicht immer. Manchmal ist es so, daß zunächst nur eine Strömung da ist, die uns in eine bestimmte Richtung treibt, drängt, wir spüren sie, oder merken sie erst hinterher an unserem Tun. Fragen wir uns nun, warum wir das tun, oder getan haben, so entsteht eine neue Situation. Die Schwierigkeit ist die, zutreffend das zu formulieren, was dieser Strömung und unserem augenblicklichen Gesamtzustand entspricht. Die Schwierigkeit ist ähnlich der bei der Erzählung eines Traumes: man weiß auch da nicht recht, wie weit man eigentlich den Traum reproduzieren [kann], und wie weit man ihm dadurch, daß man ihn in Worte faßt, in Worte von bestimmter Bedeutung, etwas von seiner eigentümlichen Unbestimmtheit nimmt, wie weit man ihn also durch die Erzählung verändert. Ähnlich im Fall des Motivs. Etwas drängt in uns empor, eine Willensströmung, und während ich mir ihrer bewußt werde und nach Gründen suche, sie zu erklären, formt sich mir ein Motiv. Dieses Motiv ist vielleicht eine Sinngebung, die ich dem Antrieb verleihe, eine Sinngebung, an der meine ganze Persönlichkeit beteiligt ist. Das Motiv braucht also nicht das ursprüngliche gewesen zu sein, das vor dem Tun existierte. Es verdichtet sich erst, wird fest, nimmt gleichsam Form an, nachdem man es ausspricht. Durch das Aussprechen *tut* man also etwas an dem Motiv; und man sieht schon daraus, auf welche Schwierigkeiten die Frage nach dem Motiv stoßen kann.

Vor Gericht, wenn der Angeklagte überführt ist oder gestanden hat, gibt man sich damit nicht zufrieden: man sucht auch die *Motive* zu erfahren, die den Täter beseelt haben. Dieselbe Tat kann verschiedenen Motiven entspringen, und die Bemessung der Strafe wird in der Regel von der Vorgeschichte des Täters (Erziehung, Eltern etc.), seinem Milieu, den Umständen, in denen er sich zur Zeit der Tat befand, und dem Motiv, das ihn dazu trieb, abhängig gemacht. Wenn jemand eine Frau im Affekt tötet, etwa aus Eifersucht, so wird ihm das anders angerechnet, als wenn er sie umbringt, um ihr Geld zu rauben. Die Unterscheidung zwischen »Totschlag« und »Mord« gründet sich eben auf die Art des Motivs, das im Täter wirksam ist. Obwohl also Motive der Innenwelt des Menschen angehören, ist ihr Vorhandensein ein wichtiger Gegenstand der Rechtsfindung.

Hier stoßen wir schon auf eine Schwierigkeit: denn sind dies Motive in demselben Sinn? Wenn wir sagen, der Täter brachte die Frau um, *um ihr Geld zu rauben*, so enthält die Angabe des Motivs das *Ziel*, auf das er hinauswollte. Die Eifersucht dagegen gibt kein solches Ziel an, sie ist der Affekt, der den Täter beherrschte, der Drang, der ihn zur Tat trieb. Sind dies nun Motive im selben Sinn? Schwerlich. Man könnte demgemäß versucht sein, die Motive in zwei Gruppen zu scheiden, in zielsetzende Motive und in Motive, die es nicht sind. Dies findet eine Stütze in dem Sprachgebrauch, der zwischen »Beweggrund« und »Triebfeder« unterscheidet. Man nennt die Absicht des Täters, die Frau zu berauben, den *Beweggrund* der Tat, nicht: die Triebfeder. Die Triebfeder wird man dagegen in seiner Geldgier erblicken. Bei dem Wort »Triebfeder« denkt man etwa an Ehrgeiz, Eitelkeit, Eigennutz, Neugierde, Selbstsucht, Geiz u. a. Das Wort »Triebfeder« weist, wie schon die Etymologie andeutet, auf die Äußerung, oder das Mitspiel, einer Triebkraft, oder wie wir heute sagen würden, von etwas Triebhaftem hin. Diese Triebkraft ist etwas, das den Menschen drängt oder Herrschaft über ihn gewinnen kann. Die Triebfeder *braucht nicht ins Bewußtsein* zu treten; wenn man z. B. sagt, daß jemand etwas aus Eitelkeit tut oder aus Geltungsstreben oder aus Neid, so meint man in der Regel nicht, daß er sich dieser Triebfedern *bewußt* ist; wie eben das Wort »Trieb« oft etwas Verhülltes, seltsam Dunkles bezeichnet. Der Beweggrund dagegen ist etwas, das *ins Bewußtsein fällt*. Wir sagen z. B. nicht, daß Eitelkeit der *Beweggrund* seines Handelns ist. Beweggrund ist der *Grund*, der ihn zur Handlung bewegt, also etwa das, woran er vor oder während der Handlung gedacht hat. – Der Begriff der Triebfeder geht undeutlich in den des *Antriebs* über. Der [Antrieb] scheint das zu sein, was einen innerlich antreibt, aber zugleich *bewußt* ist, wie etwa Zorn, Grimm. Man wird kaum sagen wollen, daß einer aus »unbewußtem Grimm« gehandelt hat. Der Antrieb scheint ferner etwas zu sein, was aus der *momentanen* Situation entspringt; während Triebfeder auf die *ständig* wirksamen Kräfte geht, die im Charakter eines Menschen liegen, wie Neugierde, Eitelkeit, Ehrgeiz, die nicht nur einmal, sondern bei jedem gegebenen Anlaß hervortreten. Doch hat »Antrieb« oft etwas Schwächeres: vgl. etwas »aus eigenem Antrieb« tun. Ganz scharf ist, wie gesagt, die Unterscheidung nicht: soll man die Eifersucht, die den Mann zum Mord trieb, den *Antrieb* oder die *Triebfeder* nennen? Die Unbestimmtheit mag damit zusammenhängen, daß die Aussage »er ist eifersüchtig« zweierlei bedeuten kann: erstens, er erlebt eine Aufwallung von Eifersucht; zweitens, er neigt zur Eifersucht, dies ist ein Charakterzug seines Wesens. Wenn nun ein Mensch häufig aus Eifersucht handelt, so wird man dies die *Triebfeder* (oder eine Triebfeder) seines Tuns nennen; ist sie dagegen nur hier und da, aber im ganzen selten wirksam, so wird man in ihr eher den Antrieb erblicken. »Triebfeder« wird oft so verwendet, daß es eigentlich nicht ein bestimmtes Motiv, sondern die Bereitschaft, aus gewissen Motiven heraus zu handeln, bedeutet; so wenn man Ehrgeiz die Triebfeder all seines Handelns nennt. Man mag in der Furcht den Antrieb erblicken, der einen Menschen zu einer Handlung bringt, in der Furchtsamkeit die Triebfeder seiner Handlungen. Dies ist ein charakteristischer Zug eines furchtsamen Menschen. Vgl. das analoge Verhältnis zwischen »Angst« und »Ängstlichkeit«.

Man wird übrigens bemerken, daß »Beweggrund« und »Triebfeder« (resp. Antrieb) Hand in Hand gehen. Wenn der Täter die Frau umbrachte, um ihr Geld zu rauben, so ist diese Absicht der *Beweggrund*; die *Triebfeder* mag Geldgier gewesen sein – falls dies zu dem Charakter des Täters paßt. Hat er sie aber aus Eifersucht getötet, so wird man Eifersucht nie den Beweggrund seines Tuns nennen, sondern etwa den Antrieb.

In dem eben betrachteten Beispiel war der Beweggrund verschieden von der Triebfeder. Wird das immer so sein? Setzen wir den Fall, daß ein Mann auf einen anderen zugeht und ihn niederschlägt; gefragt, warum er das tut, antwortet er: »Um mich für die erlittene Beleidigung zu rächen.« Man wird das *Beweggrund* nennen: es ist das Ziel, das ihm vor Augen stand. Sagt man aber, er habe »aus Rache« gehandelt, so scheint das wieder auf den Antrieb hinzuweisen. Wie soll man unterscheiden? Ich glaube, daß die Absicht das bewußte Motiv, der Beweggrund ist, der ihn leitet, der aber seine seelische Energie aus dem Racheaffekt bezieht; so daß man die Rache beides: Beweggrund und Antrieb, wiewohl in etwas verschiedenem Sinn, nennen kann. – Betrachten wir nun den Fall des Eifersuchtsmordes. Hier kann man *nur* sagen: er hat es aus Eifersucht getan, aber nicht: »Um sich...«, denn es gibt kein Verb, das der Eifersucht so entspräche wie das Sichrächen der Rache. (Das Eifersüchtig*sein* bezeichnet ja einen *Zustand*, keine Handlung.) Woran liegt das nun? Wie kommt es, daß Rachsucht und Eifersucht ein so verschiedenes Verhalten zeigen? Sollen wir sagen, daß es von der *Sprachdarstellung* abhängt, ob man von einem Beweggrund spricht oder nicht – nämlich von dem Vorkommen eines Verbs, das das entsprechende Tun bezeichnet? Sollen wir sagen: »Wenn die Eifersucht eine Verbalform hätte, wie die Rache, dann könnte sie auch Beweggrund werden«? Aber nehmen wir an, einer würde erklären, »er habe so gehandelt, um seine Eifersucht zu befriedigen« – wäre das die Angabe eines Beweggrundes? Ist dann das Ziel, das ihm vor Augen stand, an das er vor dem Mord dachte, die Entspannung seiner Leidenschaft? Nein; es *treibt ihn dazu*, aber er denkt nicht an seinen subjektiven Zustand, er handelt nicht wie ein Psychologe, der sich von einer Leidenschaft kurieren will. Als Napoleon die Hand nach der Krone ausstreckte, da tat er es wohl *beseelt* von Ehrgeiz; aber tat er es *in der Absicht*, seinen Ehrgeiz zu befriedigen? Welche Verwechslung! Etwas *in der Absicht* tun, seinen Ehrgeiz zu befriedigen, heißt: [um] seiner eigenen Lust willen. Aber es ist ein Irrtum zu meinen, man tue eine Handlung wegen der Befriedigung, die sie einem gewährt, als ob dies das Ziel wäre; nein, man tut sie – weil man sie eben tun *will*. – Ich glaube der gesuchte Unterschied ist der: ich kann sagen: »Ich will mich rächen«, weil ich damit einen gewissen Zustand herbeiführen will – wenn ich etwa den Beleidiger gezüchtigt habe und nun »gerächt« bin. Aber es gibt keinen seelischen Zustand, den ich im Falle der Eifersucht anstreben könnte. Was soll ich dann tun? Ich kann mich von der Eifersucht befreien wollen, ja; aber das bedeutet eine Veränderung *in mir*, nicht das Herbeiführen eines bestimmten Zustandes in der Außenwelt. Es hat also seinen guten Sinn, wenn die Sprache im Falle der Eifersucht kein Verbum geprägt hat, das analog wäre zu »sich rächen«; und dies ist zugleich der Grund, warum die Eifersucht nie der Beweggrund einer Handlung sein kann.

Das Wort »Motiv« ist nun unbestimmter als »Beweggrund« oder »Triebfeder« oder »Antrieb« und scheint sie alle drei zu umfassen.

Bevor wir dem zustimmen, werden wir gut daran tun, uns einen Überblick über die Vielfältigkeit dessen zu verschaffen, was man Motiv nennt. Die Frage: »Warum hast du [Hier bricht der Text ab.]

Unbegrenzt ist die Möglichkeit der Antworten – sie können alles mögliche umfassen: Gründe, Willensziele, Absichten, Hoffnungen, Neigungen, Wünsche, Begierden, Impulse, Hemmungen, Interessen, die Lebenslage, Rücksichten, die Pflicht, die Stellung, Bewußtsein des guten Rechts, eine leidenschaftliche Aufwallung, Ideale, Stimmungen, eine innere Stimme, körperlicher Zustand, etwas Irrationales, und Gott weiß was noch. Nicht weniger bunt ist die Karte dessen, *wofür* etwas Motiv sein kann: ein Entschluß, eine Einstellung, ein Benehmen, eine Gesinnung, ein Wohlwollen, ein Glaube, eine Handlung, die Unterlassung einer Handlung, eine Bitte, eine Annahme, eine Überlegung, eine Stimmung, eine feindselige Regung, Antipathie...

Schon diese Vielfalt muß uns daran zweifeln lassen, einfach Begriffsbestimmungen für das zu finden, was man Motiv nennt und sein Verhältnis zu dem, was es motiviert, die Motivation. Mit anderen Worten, wir werden daran zweifeln müssen, eine Formel zu finden, die das hinaushebt, was allen Motiven gemeinsam ist; so zum Beispiel wenn man sagen wollte, ein Motiv sei das Ziel, auf das man hinarbeite; oder ein Motiv sei das, was den Willen in Bewegung setzt. Es bedarf jetzt kaum eines Wortes, das Eitle solcher Bestimmungen einzusehen. Die Wahrheit ist die, daß in den verschiedenartigen Motiven nichts Gemeinsames zu entdecken ist, weil sie nichts Gemeinsames haben; es ist vielmehr so, daß die Sprache eine große Zahl verschiedenartiger Gebilde, die auf die mannigfachste Art und durch verschiedene einander kreuzende Beziehungen verwendet sind, zu einer lockeren, unscharf begrenzten Gruppe vereinigt hat. Die Analyse trennt diesen inhomogenen Komplex wieder in verschiedene engere Grenzen auf und läßt uns die Ähnlichkeit und Verwandtschaft dieser Teilgebilde erkennen. Wir können nun die früher fallengelassene Frage aufnehmen, ob »Motiv« ein Begriff ist, der die drei Gruppen: Beweggrund, Triebfeder, Antrieb unter sich umfaßt. Man kann von dem *Motiv* einer feindseligen Einstellung sprechen, u. zw. mit gutem Sinn, aber nicht von dem Beweggrund dieser Einstellung, oder ihrer Triebfeder oder ihrem Antrieb. Man kann ein Motiv haben, an Gott zu glauben oder die Unsterblichkeit der Seele zu wünschen; aber einen Beweggrund oder eine Triebfeder? Man sieht daraus, daß der Begriff »Motiv« weiter reicht als die drei anderen genannten Begriffe, und kann sich ihr Verhältnis durch folgendes Schema vor Augen stellen:

[Motive

... Triebfeder ... Antrieb ... Beweggrund ...]

Bevor wir weitergehen, wollen wir einen Moment innehalten und fragen: Wofür existiert kein Motiv? genauer: gibt es Dinge, für die es sinnwidrig ist, von einem Motiv zu sprechen? Gewiß: ein *Motiv* hat kein Motiv; es hätte zum Beispiel keinen Sinn zu fragen, was das Motiv war, aus dem heraus man sich für ein gewisses Motiv entschieden hat. Denn die Entscheidung *besteht* ja eben darin, daß *ein* Motiv aus dem Konflikt verschiedener Motive als Sieger hervorgeht, und es heißt nichts, so zu tun, als ob hinter dieser Entscheidung nur ein neues Motiv stäke. Dann könnte man ja weiter fragen, was hinter *diesem* Motiv steckt, d. h. was mich dazu bringt, mich gerade von diesem Motiv bei der Auswahl unter den Motiven leiten zu lassen, und so fort. Der Fehler, den man hier begeht, besteht darin, daß man, vom Gebrauch des Wortes »Wahl« verführt, einer falschen Analogie folgt: Man stellt sich vor, daß ich unter verschiedenen Motiven so wähle, wie ich etwa unter einer Anzahl von Kästchen wählen würde, die vor mir liegen. In diesem letzteren Fall kann man fragen, *warum* meine Wahl gerade auf dieses Kästchen und nicht auf irgendein anderes gefallen ist, und ich werde wahrscheinlich imstande sein, dieses oder jenes zur Motivierung meiner Wahl anzuführen. Wenn ich aber vor einer Willensentscheidung stehe und unschlüssig zwischen verschiedenen Motiven schwanke, ist es nicht so, daß *ich* eines unter den Motiven wähle und diese Wahl selbst wieder von einem Motiv geleitet ist. Die Worte »ich« und »wählen« sind ja überhaupt schlecht angebracht, um den Sachverhalt zu beschreiben. Es ist ja eher so, daß ich selbst bald in diesem, bald in jenem Motiv lebe, mich mit ihnen erfülle, und daß sich dann eben eines dieser Motive als stärker erweist, indem es sich verwirklicht. Wählen kann ich zwischen den verschiedenen Möglichkeiten, die vor mir liegen: ich kann das tun, oder das, und wenn ich mich dann entschließe, so gibt es dafür ein Motiv, und das ist zugleich ein Wählen zwischen Möglichkeiten, die *in* mir liegen. Aber ich wähle *nicht zwischen* den Motiven. Das ist der Sinn, in dem man sagen kann, daß die Motive nichts Äußeres sind, das mir gegenübersteht, wie in dem Beispiel der Kästchen.

Auch eine *Wahrnehmung* hat kein Motiv. Ich kann fragen: Warum hast du das *getan*? Warum hast du das *gewollt*? Warum hast du das *geplant*? Warum hast du das *gedacht*? Aber nicht: Warum hast du das gesehen? (Es sei denn im Sinne einer Frage nach der *Ursache* dieser Wahrnehmung.) In der Wahrnehmung *tun* wir nichts, wir sind *rezeptiv*. Das fordert zu der Frage heraus: Sind *alle* Zustände, in denen wir uns passiv verhalten, motivlos? Gewiß nicht: auch das Nichttun kann ein gutes Motiv haben; zum Beispiel, wenn ich im Angesicht einer Provokation ruhig bleibe; oder wenn ich etwas ruhig mitansehe, das ich hätte verhindern können, aber wir wollen unser Augenmerk auf andere Fälle richten. Wie ist es im Falle eines glücklichen Einfalls, der mich etwa zu einer Entdeckung führt – kann ich da fragen, ob ich ein *Motiv* dazu hatte? Nein; und man nimmt ja auch an, daß der Einfall »mir kommt«, aber nicht, daß ich »ihn mache«; ich bin also nicht aktiv. Und wenn ich einen Witz mache? Der witzige Einfall ist nicht *mein Werk*;

dennoch kann die Produktion des Witzes – gewiß Absicht verraten, und insoferne hat es doch wieder einen Sinn, von einer Tendenz zu sprechen, die sich in der Witzbildung verrät – etwa Bosheit oder Aggression. Ob man diese Tendenz als *Motiv* betrachten will, ist eine andere Frage. Man wird übrigens unschwer erkennen, daß da noch ein weiteres willentliches Moment hineinspielt: denn ich kann mich dem eigentlichen aufgelockerten Zustand, aus dem ein Witz entspringt, überlassen, sozusagen versuchen, ob mir ein Witz einfällt; oder ich kann mich gegen eine solche Regung »sperren«. Es steht bis zu einem gewissen Grade *bei mir*, inwieweit ich dem Spiel der Einfälle nachgebe und die Bewußtseinskontrolle lockere. Ein Einfall ist freilich ein Einfall und nicht willkürlich zeugbar; aber inwieweit ich mich in die Verfassung begebe, die dem Entstehen von Einfällen günstig ist, steht bei mir. Und auch das, *was* mir einfällt, kann ein Motiv verraten, das mir vielleicht erst hinterher am gelungenen Witz zu Bewußtsein kommt. Insoferne ist der Witz ein Mittel, unbewußte Motive auftauchen zu lassen.

Nehmen wir an, ich schreibe ein Gedicht. Da ist die poetische Inspiration, die kommt oder nicht kommt und über die ich nicht gebieten kann. Sie hat ein Motiv. Dann mag eine Triebfeder da sein, die mich dazu drängt, dieses Gedicht zu schreiben: bei einem Liebesgedicht liegt das Motiv auf der Hand. Dazu kommt ein willentliches Moment: daß ich mich mit Willen jener eigentümlichen Entspannung überlasse, oder in jene Stimmung versenke, aus der ein Gedicht kommt. Ich kann von einem Gedicht nicht recht sagen, daß *ich* es schreibe, noch daß es sich selbst schreibt, noch daß es von einem geheimnisvollen

Dritten durch mich hindurch geschrieben wird; man brauchte irgendeine neue Verbalform, weder Aktiv, noch Passiv, noch Reflexiv, um die Entstehung eines Gedichtes zu beschreiben.

Aber auch im Falle der Wahrnehmung liegen die Dinge nicht so einfach, wie wir zuerst annahmen. Ob es etwas wie eine »schlichte Wahrnehmung« gibt, wo wir nur sehen und/oder hören und nichts aus eigenem hinzufügen, bleibt dahingestellt. Gewiß ist, daß wir in die Wahrnehmung oft etwas hineinsehen, oder etwas fortlassen, unterdrücken, und daß diese Veränderungen in einem gewissen Sinn *unser Werk* sind. Vor allem aber *ordnen* wir die Wahrnehmung in einer bestimmten Weise, so daß sie sich zu den bestimmten Linien zusammenschließt. Ich möchte durch Beispiele klarzumachen suchen, was ich meine. Wenn man die Bilder eines bestimmten Malers studiert, sagen wir van Goghs, sie oft betrachtet, sich mit ihnen erfüllt, oder sie gar kopiert, dann wird man finden, daß man in seinem Stil zu sehen beginnt: wo immer man ein Kornfeld, einen Blumengarten oder eine Hügelreihe erblickt, da findet man diese malerischen Motive, diese Kraftlinien, sie drängen sich auf, sie beherrschen alles Geschaute. Man möchte sagen, daß der Einfluß dieser Malerei die Wahrnehmung in bestimmter Weise *stilisiert*; und studiert man längere Zeit die Werke eines anderen Malers, so werden einem wieder dessen Motive überall entgegenspringen. Nehmen wir ein anderes Beispiel. Wenn man auf die Straße geht, in Gedanken versunken und intensiv an einen Menschen denkt, oder ihn heiß erwartet, so kann man sicher sein, ihn zu erblicken, bevor er noch da ist – in den Zügen oder der Gestalt eines anderen. Die Erwartung benutzt jede Ähnlichkeit, sich zu der ersehnten Person zu verdichten. Und wenn man etwas nicht sehen will – dann – sieht man es nicht. Wie Freud an Kindern beobachtet hat, die etwas, das in ihre Überzeugungen nicht hineinpaßt, einfach umfälschen. Man kann daraus schließen, daß organisierende Kräfte in der Wahrnehmung tätig sind. Mein Wissen infiltriert die Wahrnehmung; aber auch meine Wünsche, Erwartungen, mein Stil, meine Überzeugungen. Die Wahrnehmung ist von all diesen Elementen durchsetzt, durchwirkt. Man nimmt nicht nur das wahr, was man wahrnimmt: man fügt hinzu, sieht hinein; man läßt aber auch aus, ordnet und gestaltet. Das sind unbewußte Prozesse, die in die Wahrnehmung eingreifen und sie verändern. Es ist eben nicht so, wie eine primitive Schule annimmt, daß wir in der Wahrnehmung der Wirklichkeit Auge in Auge gegenüberstehen und einfach registrieren wie eine Kamera – etwa ein Nebeneinander von Farbflecken, die das »Gegebene« ausmachen sollen. Nein, wir mit unserem ganzen Wesen nehmen wahr, nicht nur das Sinnesorgan. Wenn ein Kind etwas nicht wahrnimmt, weil in ihm ein Widerstand sitzt, weil es dies nicht wahrhaben will, so kann man von unbewußten Motiven sprechen. Die Wahrnehmung ist also nicht ganz frei von unbewußten Motiven.

15
Motiv – motiviert

Man kann einen fragen: »Warum in aller Welt hast Du diese Antipathie gegen ihn?« Wenn er sie uns erklärt, indem er uns etwa den einen oder anderen Grund für sie anführt, so sagen wir, er habe sie *»motiviert«*. Es fällt auf, daß *motivieren* hier so viel heißt wie *begründen*. In diesem Sinne spricht man etwa von einer unmotivierten Abneigung, einem unmotivierten Zögern, einem unmotivierten Anliegen, und meint in allen diesen Fällen, daß kein genügender, stichhaltiger Grund vorliegt. Das Wort »Grund« stammt ja in einer seiner Bedeutungen aus der Rechtssprache und bedeutet da den *Rechtsgrund, den Grund, der etwas rechtfertigt.*

Ein »schlecht motiviertes Anliegen« ist ein Anliegen, das nicht genügend begründet, oder gerechtfertigt ist; während eine »wohl motivierte Bitte« eine berechtigte Bitte ist. Man kann von unmotiviertem Hassen sprechen, aber nicht von unmotivierter Liebe: Liebe ist immer unmotiviert. Unmotivierter Haß liegt vor, wo kein Grund oder kein triftiger Grund dazu besteht; (die Ursache mag in etwas rein Physischem liegen). Das gleiche gilt von einem unmotivierten Vorgehen, einer unmotivierten Entlassung, etc. Diese Beispiele scheinen zu zeigen, daß »motiviert« gleichbedeutend ist mit »begründet« oder »gerechtfertigt«. Es ist seltsam, daß »motiviert« dann nichts mit »Motiv« zu tun hat: »Wie motiviert er sein Tun?« heißt ja nicht: »Welche Motive gibt er dafür an?« sondern: »Wie begründet er es?« oder »Durch welche Gründe sucht er es zu rechtfertigen?« Niemandem wird es einfallen von dem Motiv einer heiteren oder traurigen

Stimmung zu sprechen, wohl aber unter Umständen von einem *Grund.* – »Unmotivierte Traurigkeit« ist ein Gemütszustand, der keinen Grund in irgend welchen Begebenheiten der Außenwelt hat; man spricht von einer unmotivierten im Gegensatz zu einer motivierten, begründeten Traurigkeit, obwohl die Traurigkeit aus keinem Motiv entspringt. Ein unmotivierter Entschluß, aber nicht: ein unbegründeter Entschluß, aber nicht: ein motivloser Entschluß. Man nennt die Eitelkeit eine Triebfeder menschlicher Handlungen und schreibt sie einem als Motiv zu. Dagegen würde man nicht sagen: sein Handeln war durch Eitelkeit *motiviert*; auch nicht, daß es *unbewußt* motiviert war. Diese Beispiele machen es ganz klar, daß »motiviert« nicht bedeutet: einem Motiv entstammend.

Das gäbe ein zu einfaches Bild. Setzen wir den Fall, daß uns jemand sein aggressives Verhalten erklärt, indem er sagt: Ich geriet in Hitze und ließ mich durch die und die Bemerkung des anderen zu jenen Worten fortreißen. Was tut er? Er macht sein Tun verständlich, er motiviert es; aber man würde nicht sagen: er *begründet* es; denn dies würde ja heißen, daß er einen guten, triftigen Grund zu seiner Äußerung hatte, einen Grund, der sie rechtfertigt; während er vielleicht seine Worte bedauert und uns nur verständlich machen will, wie er dazu kam, sie zu äußern. »Motivieren« hat in diesem Zusammenhang den Sinn: »verständlich machen«, »erklären«.

Dies leitet zu dem Wortgebrauch hinüber, den wir in literarischen Gedankengängen finden, wenn man etwa die Frage aufwirft, ob ein Bühnendichter das Verhalten einer Figur genügend »motiviert«: Wir wollen dann wissen, ob er sie uns menschlich näherbringt, vielleicht mit dem Nebensinn, daß nur ein Schein von Recht auf ihr Tun fällt. So sagt man etwa, daß Schiller den Verrat Wallensteins »motiviert«, d. h. uns einen Blick in sein Inneres tun läßt, so daß wir nicht mehr abgestoßen sind, ein menschliches Mitgefühl, Verständnis, ja vielleicht Achtung oder mehr Sympathie für ihn empfinden. »Motivieren« heißt hier: verständlich machen, menschlich näher rücken, Sympathie erwerben; und durch alles das, wenigstens zu einem gewissen Grade rechtfertigen.

16
Die Ergründung eines Motivs

Es gibt einen merkwürdigen Vorgang, den man »die Ergründung eines Motivs« nennen kann. Man hat etwas getan, etwas Seltsames, aus dem Gewohnten Herausfallendes, vielleicht etwas, das einem selbst überraschend gekommen ist oder das man sich nicht zugetraut hat und dessen Tragweite man im Augenblick des Tuns nicht ganz übersieht. Hinterher fragt man sich, was einen eigentlich dazu gebracht hat; man möchte sich selbst seine Handlungsweise verständlich machen. Zuerst ist man auch gar nicht in Verlegenheit, den Beweggrund, oder das Motiv namhaft zu machen. Aber indem man nachdenkt, sich genau besinnt, nimmt die Sache ein anderes Aussehen an: man sieht, daß dieses Motiv das Getane nicht recht oder nicht ganz erklärt, daß man sich eigentlich etwas vorgemacht hat, daß die wirkliche Wurzel tiefer, ausladender, dunkler ist. Hinter dem Motiv kommt etwas anderes hervor, das einem erst jetzt deut-

lich wird; und dieser Vorgang kann sich wiederholen: es kann sein, daß hinter dem zweiten Motiv ein drittes auftaucht, das noch »tiefer« geht und einem die eigene Handlung wieder in einem anderen Licht erscheinen läßt. So kann es geschehen, daß sich im Laufe der »Gewissenserforschung« der Blick allenthalben verschiebt, tiefer dringt und andere, bisher verborgene oder halbgeahnte Zusammenhänge hervortreten läßt. Was geht da eigentlich vor?
Zunächst: ist es so, daß ich mein eigenes Tun beobachte und mir sage, es sei doch recht unwahrscheinlich, daß ich aus dem Motiv gehandelt habe und nun Ausschau halte nach anderen, befriedigenderen Erklärungsgründen? *Vergleiche* ich mein Handeln mit dem von Menschen, die in einer ähnlichen Situation waren, und komme ich so, indirekt, zu dem Schluß, daß das Motiv, das ich zuerst angab, doch wohl nicht triftig war? Nein; ich denke nicht an andere Menschen, die in einer ähnlichen Lebenslage gewesen sind, vielleicht kenne ich solche Menschen nicht einmal, oder ich weiß nicht, was in ihnen vorgegangen ist, sondern ich erforsche *mich*, ich versuche mein eigenes Seelenleben bloßzulegen. Zwei Willensentschlüsse sind ja, streng genommen, nie gleich, die Umstände, die Vorgeschichte, der Charakter des Handelnden ist von Mal zu Mal verschieden – was hülfe es mir also, auf andere, ähnliche Fälle zu verweisen? Gäbe das mir mehr Sicherheit? Aber ganz abgesehen davon, ist es schon falsch, in der Ergründung eines Motivs einen *theoretischen, intellektuellen* Vorgang zu sehen: es ist ja viel eher ein Sich-fest-ins-Auge-Fassen, ein Sich-nichts-Vormachen, ein Nach-innen-Lauschen und ein Bekennen von Regungen, die man nie zuvor ausgesprochen

oder mit klarem Bewußtsein erlebt hat. Es ist viel mehr *das*, als die Bildung einer Theorie über sein eigenes Verhalten und nachträglich[e] Überprüfung. Und dazu stimmt es, daß die Gewissenserforschung etwas sehr Ernstes ist und fast immer unter Anzeichen starker Gemütserschütterung vor sich geht: jetzt sieht man plötzlich, was einen dazu getrieben hat, jetzt erinnert man sich der und der Seelenregungen und ermißt ihre ganze Bedeutung, jetzt sieht man, daß die Tat nicht dem Augenblick entsprungen ist, daß sie mit ihren Wurzeln tief zurückreicht in das frühere Leben, wie dieses Motiv in Träumen und halbwachen Gedanken oder Wunschphantasien schon irgendwie da ist. Ja, das ist Erkennen und Bekennen zugleich. Es hat, glaube ich, einen guten Sinn zu sagen, daß man dabei insgeheim und verborgen in die eigene Seele hineinleuchtet. Nehmen wir ein Beispiel. Es wäre natürlich das beste, einen realen Fall zu analysieren, aber dem stehen begreifliche Bedenken entgegen. Wer wird seine eigenen, geheimsten Regungen vor der Öffentlichkeit bloßlegen? Und wenn einer selbst den Mut hätte, sich darüber hinwegzusetzen – hat er den Tiefblick, die kleinsten Anzeichen und Regungen in sich aufzuspüren, und die Darstellung [zu] geben, ihnen Ausdruck zu verleihen?

Sehen wir lieber zu, wie ein Dichter das Sichherantasten an ein Motiv darstellt. Raskolnikow kommt zu Sonja, um ihr zu sagen, wer ihre Freundin Lisaweta ermordet hat – daß *er* es ist. Sein ganzes Verhalten bei diesem Gespräch ist höchst sonderbar.[9]

»Was haben *Sie* nur?« fragt Sonja beängstigt. Es kam

9 Fjodor M. Dostojewskij, *Schuld und Sühne*, T. 5, Kap. 4 und 5.

kein Wort über seine Lippen. Er hatte sich das ganz anders gedacht, wie er ihr ›das‹ eingestehen wollte, und verstand jetzt gar nicht, was mit ihm geschah ... es wurde unerträglich, er wendet ihr sein leichenblasses Gesicht zu, seine Lippen zucken krampfhaft und strengten sich vergebens an, etwas ›auszusprechen‹. Dann beginnt er in entfernten Andeutungen zu reden: er wisse, wer der Mörder ist und so weiter; woher? fragt Sonja. »Rat einmal!« spricht er mit dem verzerrten, ohnmächtigen Lächeln ... es verging noch eine entsetzliche Minute. Beide sehen einander an. »Du kannst es also nicht raten?« fragt er plötzlich mit dem Gefühl, wie wenn er sich von einem Glockenturm herunterstürzte. »N-nein«, flüsterte Sonja kaum hörbar. Dann geht etwas Merkwürdiges mit seinem Blick vor, Sonja weicht vor ihm zurück, ihr Schreck teilt sich ihm mit. »Hast Du's geraten?« fragt er endlich. »O Gott!« entfuhr ihrer Brust ein furchtbarer Schrei ... sie konnte ja nicht sagen, sie habe etwas derartiges geahnt? Und doch schien es ihr jetzt, sobald er das gesagt hatte, daß sie wirklich *gerade darauf* gefaßt gewesen sei ... er hatte es sich ganz anders gedacht, wie er das Geständnis machen wollte: und nun kam es ›so‹. Sonja wirft sich ihm zu Füßen. »Ein ihm schon lange unbekanntes Gefühl überflutete wie eine Welle seine Seele und erweichte sie. Er ergab sich diesem Gefühl, zwei Tränen traten ihm aus den Augen und blieben an den Wimpern hängen.«

So schildert Dostojewski sein Sichdurchringen zum Geständnis. Nun entsteht die Frage, warum und wozu er das getan hat. Man erhält aus der nachfolgenden Schilderung den Eindruck, daß Raskolnikow in der Aussprache mit Sonja sich zum erstenmal diese Motive klarmacht;

daß er zuvor zu viel mit der äußeren Lage, den Gefahren, dem Verbergen der Spuren, mit seinen eigenen widerspenstigen Nerven beschäftigt war, und daß er erst jetzt dazu kommt, nachzudenken und Sonja – und sich selbst – Rechenschaft zu geben von dem, was ihn zur Tat trieb. Es ist auffallend, daß er die Antwort nicht auf einmal gibt, sondern in einer Reihe von Stufen; obwohl er ja vor Sonja nichts geheimhalten will, sondern eigens gekommen ist, um zu beichten und sich das Herz zu erleichtern. Er macht den Eindruck eines Menschen, dem in dieser Aussprache sein Motiv erst selbst allmählich zu Bewußtsein kommt.

1. Stufe: »Wie konnten *Sie* ... *so einer* wie *Sie* ... wie konnten *Sie* das tun? Nein das ist nicht möglich!« »Nun ja, um sie zu berauben!« sagte er erschöpft und zugleich ein wenig ärgerlich. »Du warst hungrig? Du ... wolltest der Mutter helfen! ... Ja...?« »Nein, Sonja, nein!« stammelte er, und wendet sich ab und senkt den Kopf. »So sehr hungrig war ich nicht ... der Mutter wollte ich wohl helfen, aber auch das ... auch das war nicht die Hauptsache...«

Der Übergang zur zweiten Stufe vollzieht sich in einem Wechsel von Ekstase, Verzweiflung und Rührung oder Liebe. »Weißt Du, Sonja«, sagte er plötzlich wie in Ekstase versetzt, »wenn ich sie nur deshalb ermordet hätte, weil ich hungrig gewesen wäre, dann wäre ich jetzt ... glücklich.« »Und was liegt Dir daran, sage, was hättest Du davon«, schrie er bald darauf wie verzweifelt, »was liegt Dir daran, daß ich eingestehe, ich habe etwas Böses getan?« Er fragt sie dann, ob sie ihn verlassen wird. Sie weint und umarmt ihn! Wieder ergossen sich jene Gefühle wie eine Welle über seine Seele und trieben ihm wieder Tränen in die Augen. »Sonja, ich habe ein böses Herz, vergiß das nicht; damit läßt sich vieles erklären.«

2. Stufe: »Und doch!« sagte er nach einer Weile, wie aufwachend, »und doch war es so! Ja, ... ich wollte ein Napoleon werden, deshalb ermordete ich sie.« Er erklärt, daß er die Probe machen wollte, ob er ein Ausnahmsmensch wäre, einer von denen, die das Recht haben, das selbst angemaßte Recht, ihrem Gewissen zu erlauben, sich der traditionellen Fesseln zu entledigen – wenn das die Ausführung ihrer Ideen erheischt. In diesem Sinne waren die Großen der Geschichte Verbrecher, die vor Blut nicht zurückschraken, wenn ihnen das Blutvergießen etwas nutzen konnte. (Diese Idee erklärt er in einem früheren Gespräch mit dem Untersuchungsrichter. [T. 4, Kap. 5.]) Über dieses Problem, ob er ein Ausnahmsmensch sei, grübelt er schrecklich lange nach, ohne den Ausweg zu finden, bis er plötzlich darauf kam, daß es nur ein Mittel gab, die Frage zu entscheiden: die Probe anzustellen. »Nun ... so hörte ich dann auf, nachzudenken ... und erwürgte sie«. »Das war ganz so, wie ich's erzähle!« endet er. Aber in eben dem Moment durchschaut er die Sachlage: er sieht plötzlich, daß das, was er da auskramt, nur eine Theorie ist, mit der er spielte, etwas Ausgedachtes, das von sich allein aus nicht die Kraft gehabt hätte, ihn zum Mord zu treiben. Das Ganze fällt von ihm ab wie ein Gespinst.

3. Stufe: »Das ist ja alles nur Unsinn, leeres Geschwätz! Sieh mal, Du weißt ja, daß meine Mutter fast nichts hat. Die Schwester ist darauf angewiesen, ihr ganzes Leben hindurch als Gouvernante zu dienen. Alle ihre Hoffnungen beruhten auf mir allein.« Seine Lage aber war aussichtslos. »Nun, und so beschloß ich, wenn ich mich erst des Geldes der Alten bemächtigt haben würde, dasselbe zu benutzen, um mir das Fortkommen zu erleichtern ... und ein für allemale eine unabhängige Stellung einzunehmen..., nun ja ... das war alles...«. Es kostete ihn unendliche Selbstüberwindung und Anstrengung, zu Ende zu sprechen. »Ach nein, nein! Das nicht!« jammerte Sonja. »Kann man denn so? So war das nicht! So ist das nicht!« Sehr merkwürdig ist die Antwort, die nun Raskolnikow gibt: »Du siehst es selbst, daß es nicht so ist; und doch habe ich alles aufrichtig, der Wahrheit gemäß erzählt.« Ja, das ist die eigentümliche Situation, die sich bei der Ergründung eines Motivs einstellt: man ist vollkommen aufrichtig, und doch sieht man, daß es nicht so ist, daß man irgend etwas ausgelassen hat, daß der wahre Hergang anders war. Er sucht nun, die tieferen Beweggründe in sich aufzuspüren, zur Wahrheit vorzudringen. Eingeleitet wird das durch das Geständnis: »Übrigens lüge ich, Sonja«. Er schaute sie sonderbar an. »Ich lüge schon lange ... es war alles nicht so – Du hast ganz recht. Es waren ganz andere Beweggründe, die mich dazu trieben! ... Ich habe schon so lange mit niemandem gesprochen ... der Kopf tut mir so weh... Durch die ungemein erregte Gemütsstimmung blickte die Erschöpfung, die Ohnmacht hindurch.« Es ist, als ob jede Welle des Affekts eine neue Erkenntnis vorbereite, daß er zur Erkenntnis nur auf solchen Wellen gelangen kann. Er erwägt nun, ob der angegebene Grund auch wirklich stichhaltig ist. Er überlegt, daß es ihm am Ende doch möglich gewesen wäre, die Universität zu beenden, sich eine Stellung zu erwerben, ohne sich in ein Verbrechen einzulassen. Er zieht einen Freund zum Vergleich

heran, der sich in der gleichen Notlage befindet und sich doch durchschlägt. Warum hat er also die Alte umgebracht, warum nur? Er stellt sich noch einmal seine Lage ganz genau vor. Er bemerkt, daß er böse, verbissen wurde, sich wie eine Spinne in seinen Winkel zurückzog, daß er mit der Welt schmollte. Er vergegenwärtigt sich seine Lebensweise; er erinnert sich an seine Stimmung, »Bosheit und Trotz«, wie er sie nennt; an seine Gedanken, an seine Träume. Er betrachtet sein Leben von allen Seiten, um mit einer Art Verzweiflung herauszufinden, was in ihm den Gedanken an das Verbrechen entstehen ließ. »Ich lag auf dem Sofa und dachte nach ... dachte immer nur nach ... und da hatte ich immer so sonderbare, ungeheuerliche Träume ... damals erst begann es mir vorzukommen, als ob ich... Nein, so ist's nicht ganz richtig! Ich erzähle wieder nicht ganz so, wie es war!« Man sieht, welche Anstrengung es ihn kostet, etwas aus sich heraufzupumpen, was er dunkel fühlt, und noch nicht aussprechen kann; wie er beim Sprechen auf Abwege gerät, die er als solche erkennt und zurückweist. Schließlich meint er, daß es so wäre:
4. Stufe: Er erkannte damals, daß die Macht nur dem verliehen wird, der den Mut hat, sie an sich zu nehmen. Wer viel wagt, der behält recht. »Ich ... ich wollte es *wagen* und ermordete die Alte ... ich wollte nur wagen... So ist's gewesen.« Diese 4. Stufe der Einsicht gleicht der 2., doch mit einem Unterschied: damals sagte er, daß er sich selbst zeigen wollte, daß er ein Ausnahmsmensch ist, ein Napoleon, und daß er wie dieser für einen großen Zweck morden kann. Jetzt steigt ihm die bessere Einsicht auf: »Nein Unsinn! Nicht deshalb habe ich gemordet, um die Mittel zu erreichen, später einmal

ein Wohltäter der Menschheit zu werden! Unsinn! Ich habe nur für mich allein gemordet, und ob ich dann später ein Wohltäter werden sollte, oder ob ich mein Leben hindurch den Mitmenschen das Blut aussaugen sollte, daran dachte ich in jenem Augenblick ja nicht... Auch nicht des Geldes wegen ermordete ich die Alte ... mir war es nicht so sehr um das Geld, als um etwas anderes zu tun.« Wieder verfällt er in Sinnen. »Ach, was ist das für ein Töten gewesen! Tötet man denn so? Mich selbst habe ich ermordet, nicht die Alte. Mit einem Schlage habe ich mich für ewige Zeiten tot gemacht!« Was hat ihn nur auf diesen Weg gebracht? Was bedeutet das Ganze? Er versteht es nicht. Und wie Sonja sagt, er habe sich von Gott losgesagt, meint er:

5. Stufe: Der Teufel hat ihn verführt. Er konnte dem Gedanken nicht widerstehen, zu erfahren, und zwar so bald wie möglich, ob er eine »Laus« sei, wie alle anderen, oder ein Mensch, d. h. ob er über sein Gewissen könne. Aber dieser Gedanke kam vielleicht vom Teufel? »Mir schien es, wenn ich im Dunkeln lag und grübelte, daß mich der Teufel versuche. Nein, ich lache nicht, ich höhne nicht! wehrt er ab. Ich weiß selbst, daß mich der Teufel verführt hat.« Das klingt wie eine »faule Ausrede«: er will sich einfach seiner Verantwortung entziehen, die Schuld abschieben; er ist ein Opfer gewesen. – Aber wir haben keinen Grund, seinen Einfällen zu mißtrauen. Die ganze Situation, in der das Gespräch stattfindet, ist nicht danach angetan, den Eindruck zu erwecken, er habe sich reinwaschen, seine Tat beschönigen oder sich einen besseren Charakter beilegen wollen. Ganz im Gegenteil, er gibt sich alle Mühe, das Mitwerk »edlerer« Motive auszuschließen und sich nur schwer zu belasten.

»Unsinn, leeres Geschwätz!« Mit diesen Worten lehnt er Auslegungen ab. Aber [er] möchte [sich] selbst verstehen und sich im Gespräch klarwerden, was in ihm vorgegangen ist, und so kommt er schließlich dazu, auszurufen, daß ihn damals der Teufel anführte und ihm erst nachträglich bewiesen hat, daß er genauso eine Laus sei wie alle anderen. Ich meine, er hat recht darin: er fühlt wirklich, wie damals etwas über ihn kam, eine dunkle, böse Versuchung – »sehr sonderbar, so ungeheuerliche Träume« hatte er immer; »es kam ihm der Gedanke« sagt er von sich; er beschreibt das so wie etwas Fremdes, das nicht dem eigenen Willen entstammt und von ihm Besitz ergreift. Diese Gedanken, Träume, oder was es war, erscheinen ihm dämonisch – Eingebungen des Teufels, wie er meint.

Wir sehen hier also einen Menschen, der sich an das Motiv *herantastet.* Es ist nicht so, daß er klar Bescheid weiß, *warum* er das Verbrechen begangen hat; er sucht sich ja selbst zu verstehen, er schwankt in der Beurteilung seiner Motive. Die Ergründung des Motivs ist ein schmerzlicher, seelenaufwühlender Vorgang. Worin besteht er? Er sinnt zurück: er erinnert sich der Gedanken, die er vor der Tat hatte, seiner seltsamen Grübeleien; er vergegenwärtigt sich seine düstere und verbitterte Gemütslage, der Phantasien, der Träume; aber das ist es nicht allein; er betrachtet seine ganze Lebensweise, er vergleicht sich mit anderen Menschen und fragt sich, wie er an ihrer Stelle gehandelt hätte; aber er fragt sich auch, was er selbst unter den oder jenen Umständen getan hätte – er stellt sozusagen Gedankenexperimente an, über deren Ausgang er natürlich nicht ganz sicher ist, und alles das, wie gesagt, nicht in einer theoretischen

Seelenverfassung, sondern in der höchsten Erregung, an der Grenze der Erschöpfung. *Hier* sucht er Aufschlüsse über sich und seinen Charakter. Wir erfahren übrigens noch mehr über ihn – nicht in der Aussprache mit Sonja, sondern vorher, in der Erzählung selbst –, und wir erfahren ein sehr wichtiges Moment: das ist der Brief, den er von seiner Mutter erhält. Er ersieht daraus, daß seine Schwester entschlossen ist, sich zu »opfern« und einen ungeliebten, ja einen verächtlichen Mann zu nehmen; um *ihm* die Zukunft zu sichern. Das wendet die Dinge: was gestern noch ein Traum war, ein »berauschender, verführerischer, geheimnisvoller Zauber« wächst aus dem Bereich des Planens heraus, rückt auf einmal drohend heran und ändert sich ganz und gar: er begreift, er muß *wirklich* handeln, es ist keine Zeit mehr zu versäumen, er muß sein Vorhaben ausführen, oder – mitansehen, wie seine Schwester zu einer Sonja wird.

17
Die Seinsart der Motive

Die letzten Ausführungen müssen uns stutzig machen. Wenn ein Motiv einfach gegenwärtig wäre wie das Blau des Himmels, in das jetzt mein Blick taucht, wie kann man sich dann darüber täuschen? Betrüge ich mich denn je über die Farbe des Himmels? Wir brauchen aber nur an Raskolnikow zu denken, um zu sehen, wie leicht es ist, trotz eines leidenschaftlichen Dranges nach Aufrichtigkeit, sich über die innersten Motive seines Handelns nicht ins klare zu kommen. Aber das ist es nicht allein, was unseren Argwohn erregen muß. Motive sind eigentlich unfest und weichen gewissermaßen vor der Kritik zurück. Nehmen wir ein ganz einfaches Beispiel. Ich möchte heute ins Theater gehen. Warum? weil ich das Stück sehen will; weil mich das Spiel des Darstellers X interessiert; weil ich einen leeren Abend vor mir habe, den ich nicht allein verbringen möchte; weil ich etwas müde bin und hoffe, die Abwechslung werde mir gut tun; weil mich plötzlich die Lust ankommt, auszugehen. Ich kann da Verschiedenes anführen. Aber seltsam, wenn ich will, kann ich an jeder dieser Angaben Zweifel hegen. Ist es dann wirklich das *Stück*, das mich so anzieht? Ist mir der Darsteller X so wichtig? Habe ich wirklich eine Abwechslung so nötig? Kann ich all dessen so sicher sein, daß auch nicht ein Zweifel möglich ist? Und siehe da, sowie ich zu zweifeln beginne, den Grund hin- und herwende, ihn argwöhnisch von allen Seiten betrachte und nach anderen Erklärungsmöglichkeiten ausspähe – weicht er zurück, gibt er der Kritik nach und will nicht standhalten. Wie anders verhält es sich doch mit einer soliden Wahrnehmung oder einem Schmerz: da ist er, und wenn ich ihn auch noch so sehr hin- und herwende und von allen Seiten betrachte, ich werde nichts an ihm ändern. Aber ein Motiv ist ungreifbar wie eine Wolke. Selbst wenn ich meine – wie in dem Beispiel des Theaterbesuchs –, meine Gründe recht wohl zu kennen, zeigt eine eindringende Analyse, daß ich meiner Sache keineswegs so sicher bin, daß ich zumindest das Mitspielen anderer, scheinbar fernliegender Faktoren nicht mit Sicherheit ausschließen kann. Jedermann ist ja die Tatsache bekannt, daß man, wenn man einen lebenswichtigen Entschluß gefaßt hat und meint, dafür einen triftigen

Grund zu haben, und Jahre später die Sachlage überdenkt, das Mitspielen einer ganzen Reihe von anderen Faktoren wahrnimmt, die einem damals ganz entgangen sind: weshalb sich ja das Leben in der Rückschau oft so anders ausnimmt; und je genauer man sich in den ganzen Hergang versenkt, je schärfer man sich ins Gebet nimmt, desto mehr wird man daran irre, daß man es wirklich aus dem Motiv, oder aus dem Motiv *allein* getan hat. Kurzum, das Motiv ist nicht eine harte feste Tatsache, an der es kein Deuteln und Rütteln gibt. Was ist es denn? Bevor wir darauf eine Antwort versuchen, werden wir fragen müssen: Wie sind Unsicherheiten, ja sogar Täuschungen über die eigenen Motive möglich? Man hilft sich oft damit, daß man von unbewußten »Widerständen« redet, die uns den Einblick in das eigene Innere verwehren sollen oder ihn zumindestens entstellen oder umbiegen. Aber diese Annahme erklärt nicht die eigentümliche Unfestigkeit eines Motivs in ganz einfachen Fällen (Theaterbesuch), und auch nicht die Tatsache, daß sich oft mehrere verschiedenartige Motive (selbst bei einer einfachen Handlung) zu mischen oder zu durchdringen scheinen. Daß unter Umständen seelische »Widerstände« auftreten, mag ganz richtig sein; aber sie heranziehen, um mit ihnen die Unsicherheit *aller* Introspektion zu erklären, geht wohl zu weit. Es ist nicht recht glaubwürdig, daß *fortwährend* eine Kraft wirksam sein soll, die uns den Blick in das eigene Innere verwehrt; daß die Motive Wesenheiten sein sollten, die gewissermaßen ein in sich abgeschlossenes Dasein führen, die in uns bereitliegen, aber die wir nur durch ein mehr oder weniger umständliches Verfahren, durch eine »Zensur« oder Gott weiß was vor uns verbergen. Wir werden

vielmehr einer radikalen Frage ins Auge sehen müssen – *gibt es überhaupt Motive?*
Wir sagen: Ich habe das aus dem und dem Motiv getan, das läßt es scheinen, als ob das Motiv etwas wäre, das schon vor der Tat existiert, das schattenhafte Vorbild der Tat im Geist, und als ob das Handeln dieses Vorbild in Wirklichkeit überführe. Aber wie geht es dann wirklich beim Handeln zu? Da sind zunächst einmal gewisse treibende Kräfte oder Strebungen, die man etwa Triebe nennt; da ist ferner ein gewisser Spannungszustand oder eine Erregung, entweder aufgespeichert oder als Reaktion auf eine Wahrnehmung, eine Mitteilung etc.; da ist eine gewisse Summe von Dispositionen, angeboren oder erworben, die man etwa die Natur, den Charakter eines Menschen nennt; dazu kommen Mechanismen (Erziehung oder Tradition), die den Spannungszustand in bestimmte Bahnen leiten; da sind – vielleicht – auch gewisse Zielvorstellungen, Wünsche, Überlegungen, Phantasien vor der Handlung – nun, *und alles das fließt in Handlung über*, es ist nicht so, daß auf der einen Seite ein ganz bestimmtes Motiv stünde, oder auch eine Gruppe von solchen Motiven, und auf der anderen Seite die Handlung, und daß nun diese Motive gerade diese Handlung erzeugten. Sondern man *tut* einfach etwas, und später, wenn man sich's überlegt, *deutet* man sich sein Handeln im Sinne bestimmter Motive. Ich will damit nicht sagen, daß die Motive pure *Erfindung* seien. Nein: man nimmt gewisse Strömungen oder Tendenzen in sich wahr, hebt eine von diesen hervor und nennt sie das Motiv. Denkt man aber später an jene Zeit zurück, so erinnert man sich jedesmal auch [an] etwas andere Strömungen, Interessen, Gedanken, Wünsche, Stimmungen,

Phantasien: man kann nun die Handlung auch mit diesen anderen Strömungen in Zusammenhang bringen, und drückt das so aus, daß man sagt: sie entstammt auch den und den Motiven. Es sieht dann so aus, als ob eine und dieselbe Handlung aus einer Vielzahl verschiedener Motive hervorginge (Freuds »Überdeterminiertheit«); während man doch nur die Handlung in verschiedene Zusammenhänge hineinstellt: indem man sie bald mit diesen, bald mit jenen Strebungen verbindet, zeichnet man gewissermaßen bestimmte Linien durch den Lebensstrom, die sich alle in einem bestimmten Punkt der Handlungen schneiden; und jede solche Linie, wenn man sie in Gedanken verfolgt, nennt man ein Motiv. Die Vielfachheit der Motive wäre danach nichts anderes als die vielfachen Möglichkeiten, eine gegebene Handlung zu deuten, d. h. sie als Ergebnis einer Reihe von Strömungen, Wünschen, Hoffnungen, Erwartungen etc. zu sehen.

Anders gesagt, die Auffassung, gegen die ich mich wehre, ist die, daß jedes Motiv ein selbständiges Stück Wirklichkeit ist, das man einfach hinnehmen muß, und daß sich nur eine Anzahl solcher Motive zusammentue, um eine bestimmte Handlung zustande zu bringen. Es scheint mir kaum ein Zweifel zu bestehen, daß wir hier einer Mythologie erliegen. Wir können eine Handlung, wie gesagt, in verschiedene Zusammenhänge hineinsehen; wir *deuten* sie dann verschieden. Aber zu sagen, daß alle diese Motive *realiter anwesend waren* – das scheint mir ein Abweg zu sein. Hier kommt eine naive Auffassung zur Geltung, die wohl von der Sprache eingegeben ist, und die unbesehen annimmt, daß hinter dem *Wort* »Motiv« eine bestimmte Wesenheit stecken müsse; dies ist eine Auffassung, die in ähnlicher Weise primitiv ist wie die, daß die Wärme ein gewisses unsichtbares Fluidum, oder daß der Magnetismus ein geheimnisvolles Etwas ist, das im Raume sitzt und sozusagen nur darauf lauert, bis ein Stück Eisen in sein Bereich kommt, um daran zu ziehen. Man könnte vielleicht sagen, daß der bloße Gebrauch eines Substantivs zum Glauben an eine Substanz verführt. Bedenken wir doch, auf wie merkwürdige Wege die Philosophen durch die Existenz des Wortes »die Zeit« gekommen sind! Etwas von dieser Verführung liegt nun auch im Falle eines Motivs vor. Wir sind nur zu sehr geneigt, die Motive – fragwürdige Konstruktionen, die sie sind – als Wesenheiten anzusehen, die eine Art Eigendasein haben, und uns einzubilden, wir hätten so gehandelt, *weil* die und die Motive in uns wirksam waren. Und dann wundern wir uns, daß wir in der Angabe der Motive unsicher sein oder uns irren können; und reden von »Widerständen«, die der Selbstbeobachtung im Wege stehen.

Ich möchte eine Parallele ziehen zwischen der Situation in der Psychologie und der in der Quantenphysik: auch in der letzteren sah es zunächst so aus, als ob ein Elektron »in Wirklichkeit« wohl in jedem Augenblick einen ganz bestimmten Ort und einen ganz bestimmten Impuls besitze, daß wir aber daran verhindert seien, beide gleichzeitig zu messen, weil die leidige Unschärferelation jeden solchen Versuch zunichte mache. Bei reiferer Überlegung mußte man sich sagen: wenn es *im Prinzip* unmöglich ist, Ort und Impuls eines Elektrons zu bestimmen, dann heißt das, daß die Begriffe »Ort« und »Impuls« auf das Elektron überhaupt *nicht zusammen anwendbar sind*, oder daß ein Elektron sich eben nicht so verhält wie eine winzig kleine Billardkugel. Und sobald man sich von dem Bilde der Partikel losgelöst hatte, war der Weg frei zum Aufbau einer Theorie, die es *logisch* unmöglich macht, genaue Aussagen über Ort und Impuls eines Elektrons aufzustellen. Wenn man in der Wellenmechanik das Bild eines Elektrons konstruieren will, so muß man ein scharf lokalisiertes, d. h. sehr kleines Wellenpaket herstellen; das ist aber nach der Konzeption der Wellenmechanik nur dadurch möglich, daß man Materiewellen, die den ganzen Raum erfüllen, und von *verschiedenen* Wellenlängen sind, einander überlagern läßt; je kleiner das Paket sein soll, desto mehr Wellen verschiedener Wellenlängen muß man verwenden – was bedeutet, daß die Geschwindigkeit, mit der sich das Wellenpaket ausbreitet, ganz unbestimmt wird. Die [Unschärferelation] ist nicht ein Vorhang, der uns die feineren Vorgänge verhüllt; sie ist nur der Ausdruck dafür, daß wir atomare Vorgänge mit einem Bild zu beschreiben suchen, das sich eben nicht verwenden läßt.

Ich möchte nun vorschlagen, einen ähnlichen Gedanken auf die Motive anzuwenden. Da man, wie es scheint, auf der Suche nach einem Motiv nie zu unerschütterlichen Tatsachen des Bewußtseins gelangt, da die Motive vielmehr unfest sind und einem bei kritischer Besinnung unter den Händen zerrinnen, ist es besser, sie von Anfang an nicht als bestimmt existierende Dinge aufzufassen, sondern lieber zuzusehen, was dann wirklich geschieht, wenn man handelt und sich dann über das eigene Handeln Urteile macht.

18
Affekt und Tat

Zuvor wollen wir aber zusehen, ob es denn wahr ist, daß man eines Motivs nie sicher sein kann. Jedermann wird zugeben, daß man des Beweggrundes am ehesten dort habhaft werden kann, wo es sich um ganz einfache, unwichtige Dinge des täglichen Lebens handelt: ich lösche das Licht aus; man fragt mich warum, und ich sage, weil ich schla[f]en gehen will. Hier *weiß* ich also das Motiv.

Aber gibt es denn nicht auch Handlungen von einer gewissen Wichtigkeit, die aus *einem* überstarken Motiv entspringen? gewiß; betrachten wir etwa den Fall, daß eine Tat im Affekt, in der Leidenschaft ausgeführt wird.

Es gab eine Zeit, da das Eifersuchtsattentat ein alltägliches Vorkommnis war. Eine Frau hat etwa ihrer Nebenbuhlerin aufgelauert und ihr Vitriol ins Gesicht geschüttet. Man sagt: ihr Motiv war Eifersucht oder aus Eifersucht entstandener Haß. Man stellt sich vor, daß dieser Haß in der Seele der verschmähten Frau geschwelt habe, bis er schließlich in dem Attentat aufgeflammt ist. Daran ist gewiß etwas Richtiges; was mir aber daran falsch erscheint ist die Meinung, daß *das Motiv deutlich von der Tat getrennt werden könne*, als ob das eine der Welt des Innern, die andere der Welt des äußeren Geschehens angehöre. Der wahre Hergang, nüchtern betrachtet, ist eher der: daß gewisse Gefühlsströmungen da sind, die von Anfang an körperliche Ausdruckserscheinungen einschließen, daß ein Erregungszustand anschwillt, daß eine gewisse Hemmungsgrenze überschritten wird und daß die Erregung in Handlung übergeht. Aber in diesem ganzen Vorgang ist nirgends eine Stelle zu entdecken, wo das Motiv aufhört und die Handlung beginnt. Die Handlung ist, genau wie etwa der Ausdruck des Gesichts, mit ein Teil dessen, was man den »Haß« nennt. Wenn man in Gedanken versucht, von dem Haß alles das zu subtrahieren, was körperliche Symptome oder Ansatz zum Handeln ist, wäre das, was übrig bleibt, eben kein Haß mehr, sondern vielleicht ein kalter, aller Leidenschaft barer Gedanke. Das, was den Haß zur Emotion macht, besteht eben in der Anwesenheit verschiedener körperlicher Empfindungen und Ausdruckserscheinungen, die ohne scharfe Grenze in Handlung übergehen; so daß man von dem Haß (oder der Eifersucht) die Tat nicht deutlich trennen kann. Man vergegenwärtige sich doch einmal die verschiedenen Grade oder Stufen des Hasses, die es gibt, und wie jede[r] dieser Grade einer bestimmten körperlichen und seelischen Verfassung und einer bestimmten Verhaltungsweise entspricht. Empfindet man nur einen ganz geringen Grad von Haß, oder gerade eine Spur von Feindseligkeiten gegen einen Menschen, so wird sich darin verraten, daß man von seiner Gegenwart unangenehm berührt wird, daß man ihm etwa nicht zulächelt, es vermeidet, ihm ins Auge zu blicken, seine Bemerkungen nicht gut findet oder sie im stillen abschätzig kritisiert, daß man eine Neigung zeigt, sich gegen ihn unliebenswürdig zu zeigen, ihn mit Ironie behandelt, etc. Erreicht das Gefühl einen etwas starken Grad, so wird man ein Benehmen an den Tag legen, das man etwa als »gereizt« bezeichnet – man weicht ihm ja absichtlich aus, oder schlägt eine scharfe, verletzende Tonart gegen ihn an, man ist nervös und irritiert, denn »er geht einem auf die

Nerven«. Man ist nicht gut auf ihn zu sprechen, äußert etwa anderen gegenüber seinen Unmut gegen ihn. In ernsteren Fällen mag es so weit kommen, daß man ihm allerlei nachsagt, »Stimmung gegen ihn macht«, oder sich gar so weit fortreißen läßt, Anschuldigungen gegen ihn zu erheben; man denkt ferner nicht an ihn, oder sucht derlei Gedanken, die unlustbringend sind, zu verscheuchen. Bei einem noch höheren Grad der Feindseligkeit wird man sich kaum eine gute Gelegenheit, ihm zu schaden, unbenutzt entgehen lassen – vorausgesetzt natürlich, daß man dabei selber nichts riskiert. Je stärker nun der Haß wird, desto mehr werden die rationellen, hemmenden Erwägungen zur Seite geschoben – man »verliert ganz den Maßstab«, wie man sagt, man sucht mit allen Mitteln sein Verderben, auch wenn man dabei selbst zu Schaden kommt, es ist einem eben »alles eins«, man ist bereit, sein eigenes Wohlbefinden in die Schanze zu schlagen, wenn man nur dafür dem anderen etwas antun kann, mit einem Wort, das Gefühlsleben nimmt etwas Stürmisches an, man gerät bei der bloßen Nennung seines Namens in Aufregung, man ist »verändert«, nicht mehr gleich seinem früheren Selbst; und damit stimmt überein, daß man sich, bei einem hohen Grad, von dem Gedanken an den anderen gar nicht losreißen kann, daß einen sein Bild, wie ein höhnisches Gesicht, fortwährend verfolgt, daß man Tag und Nacht über dunkle Pläne brütet, sich in allerlei Phantasien ergeht, usf. Von da ist [es] nur ein kleiner Schritt mehr, diese Pläne in Wirklichkeit umzusetzen: man hebt sich über alle Bedenken hinweg und sucht den gehaßten Menschen zu vernichten; oder der Anblick des Gegners erzeugt eine so leidenschaftliche Aufwallung, daß sie direkt in feindseliges

Handeln übergeht, etwa in Tätlichkeiten. Der Leser wird bemerken, wie unlösbar körperliche und seelische Vorgänge dabei ineinander verschlungen sind. Die verschiedenen Erscheinungsweisen des Hasses gehören eben zu seinem Wesen: der Haß wäre nicht Haß, ein Haß von der und der Intensität, wenn er sich nicht in diesen Gefühlen, Vorstellungen, Reden, Tendenzen und Verhaltungsweisen bekundete; und, was das wichtigste ist, die Ausdruckserscheinungen des Hasses gehen ohne scharfe Grenzen über in Handlung. Der Affekt *entlädt* sich in Handlungen, und man tut am besten, diese Handlungen *mit zum Affekt zu rechnen*. Nehmen wir die Frau, die ihre Nebenbuhlerin mit Vitriol überschüttet: welchen Sinn soll es haben zu sagen, daß sie das tut, *weil* sie ihre Rivalin haßt? Sollte man nicht eher, im Anklang an einen bekannten Ausspruch von James, sagen: sie haßt ihre Rivalin, *weil* sie ihr das antut? Die Beziehung, die das Wörtchen »weil« andeuten will, trägt der Wirklichkeit schlecht Rechnung: daß sie ihr das antut, darin besteht die Größe ihres Hasses. Die Tat ist eher ein *Teilenmüssen*, was den Haß ausmacht, nicht ein Motiv, das, auf das Seelische beschränkt, von da auf das körperliche Verhalten hereinwirkt. Das Bild eines Motivs als einer treibenden Kraft hinter dem Vorgang führt hier eben irre. Es wäre besser zu sagen: *der Haß fließt über in Handlung*, weil das Gleichnis des Strömens es sogleich evident macht, daß hier keine scharfe Grenze besteht.

Der bisherige Ertrag wäre also der: die herkömmliche Sprache suggeriert uns fälschlich eine Zerspaltung eines Tatbestandes einerseits in eine Handlung, andererseits in ein Motiv. Die Handlung, so meint man, ist sichtbar, öffentlich, das Motiv aus jener erschlossen, unsichtbar, privat; während eine Erregung in eine Handlung *ausläuft*, sich in ihr manifestiert, sich durchsetzt, oder welcher Redeweise man sich sonst bedienen mag, um diese Zusammengehörigkeiten hervorzuheben. Ist es da wohlgetan, Motiv und Tat einander scharf getrennt gegenüberzustellen?

Die letzten Bemerkungen lenken unseren Blick wieder in eine Richtung, in der sich die Angabe eines Motivs mit einer Kausalerklärung berührt. Es ist charakteristisch für eine Kausalerklärung, daß sie den feinen Zusammenhang in den Geschehnissen verfolgt. Indem wir in dem eben betrachteten Beispiel die Sache so auffassen, daß eine gewisse Erregung in eine Handlung überfließt, haben wir uns bereits in der Sprache der Kausalerklärung bewegt. Die Frage nach dem Motiv ist in diesem Fall viel ähnlicher der Frage nach der *Ursache*. Was not tut, um die Kausalerklärung vollständiger zu machen, ist etwa ein Eingehen in die feinen Einzelheiten des Vorgangs einschließlich der verschiedenen nervösen Mechanismen. Hier sieht man also, wie der Begriff des Motivs in den der Ursache übergeht.

Je näher ein Motiv einer Ursache steht, desto besser kann es von außen erkannt und auf Gesetze gebracht werden. Je mehr es sich von der Ursache entfernt, desto mehr ist man auf Selbstbeobachtung angewiesen. Und damit kommen wir zu der Frage zurück, in welchem Sinn man dann überhaupt von dem Dasein bestimmter Motive reden kann.

19
Das Motiv als Deutung

Unsere Betrachtungen haben den Glauben erschüttert, daß bestimmte Motive als ebenso viele unterscheidbare Wesenheiten in uns vorhanden sind, die in eine bestimmte Richtung ziehen und, wenn sie stark genug sind, eine Handlung hervorrufen. Wir haben auf die Unsicherheit der Motivaussagen und ihre Nachgiebigkeiten gegen Kritik hingewiesen, und alles das legte den Gedanken nahe, daß ein Motiv eine Art *Deutung* ist, die wir unserem Handeln geben; eine Deutung, die zwar nicht ganz willkürlich ist, aber doch stark von der Art des »Sehens« abhängt.

Wir wollen nun diese Auffassung auf die Probe stellen und zu diesem Zweck ein Beispiel etwas genauer analysieren. Ich werde in diesem Fall ein persönliches Beispiel wählen, obwohl ich mich damit über die oben angeführten Gründe, die gegen eine solche Wahl sprechen, hinwegsetze.

Warum habe ich es eigentlich unternommen, diese Abhandlung über den Willen zu schreiben? Da wäre allerlei zu sagen: zunächst weil mich die Frage interessiert, ferner weil ich meine, daß die Philosophen sie ungebührlich zurückgesetzt haben; auch weil ich mit dem, was ich über den Willen gelesen habe, unzufrieden bin und es mich nach größerer Klarheit verlangt; und weil ich hoffe, beim Niederschreiben der Gedanken auf diesen oder jenen neuen Gesichtspunkt zu kommen; wenn ich es recht bedenke, scheint die Frage des Willens ein gutes Beispiel zu sein, die Kraft einer sprachlichen Analyse zu erproben; und dann, ich gebe es zu, reizt es mich auch, mich an einem Problem zu versuchen, an dem so viele bedeutende Denker vorbeigegangen sind, es also mit ihnen aufzunehmen; ja, und dann ist es auch so, daß mich die schriftstellerische Aufgabe als solche lockt; schließlich habe ich dabei etwas von dem Empfinden »tua res agitur«, denn ich leide an einer gewissen Willenslosigkeit und möchte mir gerne über die Natur meines Zustandes klarwerden. Ja, alles das hat wohl mitgespielt bei dem Entschluß, eine Abhandlung über den Willen zu schreiben. Aber nun muß ich mich bereits korrigieren: einen direkten Entschluß habe ich eigentlich nie gefaßt; ich fing eines Tages an, über dieses Thema zu schreiben, mehr wie zum Versuch und ohne die ernste Absicht, mich in eine längere Arbeit einzulassen; dann nahm mich während des Schreibens das Thema gefangen, mehr und mehr neue Fragen tauchten auf und lockten mich auf dem begonnenen Weg weiter; und eine Weile später begann ich zu denken, daß, was ich da schreibe, vielleicht ein abgerundetes Ganzes geben könnte und setzte nun, zum Teil mit diesem Wunsche, die Arbeit fort. Den Gedanken, mich durch eine solche Studie von meiner Willenslähmung zu heilen, habe ich wohl irgendwann während der Arbeit fallengelassen. – Da hätte ich also eine ganze Anzahl von Motiven; einige, die erst später hinzutraten, und andere, die wohl beim Anfang behilflich waren, aber im späteren Verlauf wegfielen. Aber worauf gründet sich dann die Aufzählung, die ich eben gegeben habe, war es etwa so, daß ich mir vor Beginn der Arbeit die einzelnen Wünsche, Aussichten, Hoffnungen etc. vorsagte? Soviel ich weiß, war es nicht so; ich begann eben eines Tages Gedanken, die mich schon lange beschäftigt hatten, niederzuschreiben; irgendeines bestimmten Grundes, der mich diese Gedanken niederschreiben ließ, war ich mir nicht bewußt, es sei denn eine Art Neugier zu sehen, wohin das führe. Jetzt, wenn ich auf das Ganze zurückblicke, bin ich freilich geneigt zu sagen, daß ich an diesen Gedanken Interesse oder Gefallen fand, auch daß ich mir vielleicht irgendeinen Fund im Verlaufe der Ausarbeitung versprach. Aber ich merke, daß dies eigentlich schon eine *Interpretation* ist, die ich der damals begonnenen Arbeit gebe; und ich merke, daß ich dieser Interpretation keineswegs sicher bin. Habe ich z. B. wirklich erwartet, dabei auf etwas Neues zu stoßen? Nun, ich getraue mich keiner bestimmten Behauptung. Ich stelle mir vor, daß ich mit einer solchen unausgesprochenen Erwartung an die Sache herantrat; aber ich wüßte es nicht mit Sicherheit zu sagen; auch die anderen Gedanken – z. B. daß dieses Problem ungebührlich vernachlässigt ist – sind mir erst später gekommen, vielleicht als ich überlegte, ob die Fortsetzung der Arbeit lohnenswert sei. Wenn ich nun einfach zu schreiben begann und von allen diesen Motiven nichts verspürte, woher nahm ich dann das Recht, sie als *Motive* auszugeben? Ich würde sagen: weil ich mich einigermaßen *kenne*, das heißt weil ich aus Erfahrung weiß, welche Motive ich mir zuschreiben darf und welche nicht. Meine Aufzählung der Motive war also nicht auf eine direkte Beobachtung gegründet; die Motive sind vielmehr von mir *angenommen*, und zwar angenommen auf Grund von Strömungen, Neigungen, Interessen, Gedankenrichtungen, die ich an mir kenne und die ihr Vorhandensein zu verschiedenen Zeiten meines Lebens verraten haben. Wenn ich also sage, ich *deute* mir mein Verhalten durch die Annahme solcher Motive, so will ich damit nicht sagen, daß die Motive pure Fiktionen sind. Ihnen liegt etwas Reales zugrunde, eben das, was mich zur Annahme dieser Motive bewegt. Aber es bleibt doch dabei, daß sie nachträglich *Deutungen* sind, die ich meinem Tun gebe, freilich Deutungen *auf Grund meines Charakters*, soweit er mir bekannt ist. – Wenn ich jetzt überlese, was ich geschrieben habe, so merke ich, daß ich die Arbeit nach und nach mit verschiedenen Seiten meines Wesens in Beziehung gebracht habe – mit meinen Interessen, der Art von Fragen, die mich beschäftigen, den Zielen, auf die ich hinaus will, einer gewissen Art von Ehrgeiz, die ich mir nicht absprechen kann, ferner einer Beunruhigung über gewisse Willenshemmungen, die meine Aufmerksamkeit erregt haben, und andere. Ich spreche also, genaugenommen, nicht von Beobachtungen, sondern von *Deutungen*: das, was ich tue, erscheint mir auf Grund einer solchen Deutung verständlich, sinnvoll. Ich könnte ebensogut sagen, daß ein Motiv eine Art *Sinngebung* ist.

Wenn ein Motiv eine Deutung ist, dann verstehe ich mit einem Male, warum ich ihrer immer so merkwürdig unsicher bin; warum eine genauere Gewissenserforschung den Glauben an dieses oder jenes Motiv erschüttern oder hinter ihm andere Motive auftauchen lassen kann; und warum ich bei all dem das Gefühl von etwas Unfertigem, nie fest zu Greifendem habe. Ich betrachte mein Tun durch verschiedene Strömungen oder Schichten meines Ich hindurch wie durch Medien von verschiedener Brechungskraft; und da nimmt es jedesmal ein etwas anderes Aussehen an. Je tiefer ich in mich dringe, desto mehr Seiten meines Wesens scheint das Tun zu enthüllen – aus desto mehr »Motiven« scheint es hervorzuwachsen. Das Vieldeutige, Abgründige, Uferlose einer jeden psychologischen Erklärung wird so verständlich; denn wir selbst sind ja vielschichtige, widersprechliche, unabgeschlossene Wesen, und diese komplizierte, ins Unbestimmte verschwebende Struktur überträgt sich von da auf alle unsere Handlungen.

Diese Ansicht berührt sich mit einer Auffassung von Nietzsche. »Ein Geschichtsschreiber hat es nicht mit dem, was wirklich geschehn ist, sondern nur mit den vermeintlichen Ereignissen zu tun: denn nur diese haben *gewirkt*. Ebenso nur mit den vermeintlichen Helden. Sein Thema, die sogenannte Weltgeschichte, sind Meinungen über vermeintliche Handlungen und deren vermeintliche Motive, welche wieder Anlaß zu Meinungen und Handlungen geben, deren Realität aber sofort wieder verdampft und nur als Dampf *wirkt*, – ein fortwährendes Zeugen und Schwangerwerden von Phantomen über den tiefen Nebeln der unergründlichen Wirklichkeit. Alle Historiker erzählen von Dingen, die nie existiert haben, außer in der Vorstellung. (»Morgenröte«, 307.)

Die gewonnene Auffassung leistet jedenfalls das eine: sie läßt es verstehen, wie Irrtümer über eigene Motive zustande kommen. Wenn das Motiv etwas wäre, dessen Vorhandensein wir direkt ohne jede Mühe in uns wahrnehmen, wenn es etwa ein *Erlebnis* wäre, dann wäre das Vorkommen von Täuschungen höchst befremdend. Anders wenn es eine Art Deutung ist. Da man sich selbst nicht völlig kennt, z. B. seine Eitelkeit – aus Eitelkeit – nicht so deutlich sieht wie an anderen, so werden Irrtümer über die eigenen Motive verständlich. Wir brauchen nicht mehr das Dasein einer geheimnisvollen

Kraft anzunehmen, die uns den Anblick des eigenen Innern verbirgt, sondern es ist eher so, daß wir gar nicht auf den Gedanken kommen, eine Handlung auf eine uns wenig Ehre machende Art zu interpretieren. Wir verbergen die Motive nicht vor uns, wir sind nur häufig nicht unparteiisch genug, [uns] zu ihnen zu bekennen.

Die Auffassung wird ferner, scheint es, von dem Sprachgebrauch bestätigt. Es muß einen wundernehmen, daß das Wort »Motiv« in zwei scheinbar total verschiedenen Bedeutungen gebraucht wird: im Sinne eines malerischen (oder musikalischen) Motivs und im Sinne des Motivs einer menschlichen Handlung. Aber vielleicht sollte uns das nicht wundernehmen? »Ein Motiv ergründen« heißt ja doch wohl: die Handlung in ihrer natürlichen Umgebung sehen, sie einbetten in ein Gefüge von Gedanken, (mögen sie nun klar oder halb formuliert sein) Wünschen, Strebungen, Phantasieregungen, Träumen, Willensimpulsen, Neigungen, Interesserichtungen etc. (Vgl. das Beispiel von Raskolnikow.) Gewiß, solche Gruppierungen schließen sich zu charakteristischen, immer wiederkehrenden Konstellationen zusammen, denen wir dann die Namen: Eifersucht, Haß, Eitelkeit, Neugierde, Erkenntnisdrang, Abenteurertrieb etc. geben. Das ist aber gar nicht so verschieden von dem, was stattfindet, wenn man das Sehfeld in bestimmter Weise gruppiert, darin bestimmte wiederkehrende Züge, »Motive«, hervorhebt und diese stark betont. Wie der Maler aus einer Landschaft gewisse Motive herausschaut, so werden wir, indem wir eine Handlung mit vielen Zügen im Leben eines Menschen zusammenstellen und darin gewissermaßen charakteristische Gestalten entdecken, seiner Motive gewahr. Nur ein Unterschied besteht: während der Maler immerzu neue »Motive« auffinden kann, scheint irgend etwas dem Entdecken menschlicher Motive eine Grenze zu ziehen; sei es nun, daß es nur eine beschränkte Zahl typischer Konfigurationen im Erlebnisraum gibt, sei es, daß die Sprache über ein zu enges Vokabular verfügt. Wie dem auch sein mag, wir beginnen zu sehen, auf einen wie tiefen Zusammenhang die Sprache hindeutet, wenn sie uns für die beiden Verwendungsarten dasselbe Wort anbietet.

Es sagt sich so leicht »Erkenne dich selbst«, als ob man bloß den Scheinwerfer nach innen zu richten brauche. Es nützt nichts, in die Einsamkeit zu gehen und sich in sein Inneres zu versenken. Was wir sind, erfahren wir erst im Kontakt mit anderen Menschen; und da zeigen wir uns jedesmal in einem anderen Licht. Nicht daß wir uns deswegen zu verstellen brauchten. Wie der Mond eine Flutwelle erzeugt, so zieht jeder Mensch eine andere Seite unseres Wesens aus uns heraus. Das ist die Wahrheit in der Darstellung Prousts, der nie sagt, was ein Mensch ist, sondern nur seinen Reflex in anderen schildert: in solchen, die sozial zu ihm emporsehen oder die auf ihn herunterblicken, in solche, die ihm abgeneigt sind und in solche, die ihn lieben etc. Es ist wahr, man sieht sich oft so, wie eine retouchierte Photographie; aber nicht immer: Menschen, wie sie bei Ibsen vorkommen, sind von ihrer Sündhaftigkeit durchdrungen, manche wühlen geradezu in ihrer Verworfenheit und zerfleischen sich wie der heilige Augustin oder Tolstoi in seiner späteren Zeit; und viele finden einen anziehenden Schauder in der Idee, daß sie schrecklich böse sein könnten, wenn sie nur wollten. Dazu kommen die geistigen

Moden auf diesem Gebiet: zur Zeit Rousseaus und Schillers war man erhoben, gerührt und empfindsam: zur Zeit Byrons war man auf edle und geheimnisvolle Art unglücklich, nach Baudelaire entdeckte man auf einmal alle Verruchtheiten in sich – jeder bessere Mensch war nun das Ebenbild Satans –, während es seit Nietzsche von blonden und brünetten Bestien zu zucken begann, nicht zu reden von dem, was man seit Freud an sich entdeckt.

In dieselbe Richtung weist eine andere Betrachtung. »Der Mensch tut alles aus Eigenliebe« sagt La Rochefoucauld; »nein, aus Streben nach Macht« widerspricht Nietzsche; »aus Minderwertigkeitsgefühlen« sagen andere, »aus Streben nach Lust«, »aus Eitelkeit«; man könnte fortfahren: »aus Ehrgeiz«, »aus Abenteuerdrang«, »um sein Ich zu verwirklichen«, »um sein Ich zu vergessen und in einem größeren Ganzen unterzugehen«. Und merkwürdig – an jeder dieser Erklärungen ist »etwas dran«, das Leben läßt sich wirklich so ansehen, daß bald diese, bald jene Meinung recht bekommt. Und es ist eigentlich nicht zu sehen, wie zwischen ihnen entschieden werden könnte – ein bedenkliches Zugeständnis. Aber zeigt sich darin nicht die Vieldeutigkeit des Seelischen, das sich auf verschiedene und darum auf keine bestimmten Kategorien bringen läßt?

Je mehr man all das betrachtet, desto mehr muß man daran zweifeln, daß es etwas wie eine objektive Selbsterkenntnis gibt. Die Auffassung des eigenen Ich schwankt im Laufe der Zeiten, es treten in dieser Auffassung verschiedene »Motive« hervor – sie werden die »Motive«, die man seinem Handeln unterlegt. – Also nur

Subjektivismus, nur Deutung, veränderlich nach Zeit und dem Seelenkostüm? Aber das stimmt schlecht zu einem Beispiel wie Raskolnikow: da handelt es sich um *mehr* als Deutung. Was Dostojewski schildert, enthält gewiß eine Wahrheit: Es gibt wirklich etwas wie ein Hinabschürfen zu den tieferen Gründen, ein Wahrhafterwerden, ein leidenschaftliches Kämpfen, in dem es mehr und mehr Licht wird. Es gibt ohne Zweifel einen solchen seelenaufwühlenden Vorgang, in dem man zu seinen innersten Motiven vordringt. Also geht es doch nicht ganz subjektiv zu: *es gibt* – Wahrheit, ja. Und doch – ! Wie man den Finger darauf legen will, hält sie nicht stand, wie man genauer hinschaut, sieht es wieder anders aus. Deutung und doch mehr als Deutung, Erkenntnis und doch nicht ganz Erkenntnis – um was handelt es sich da? Ich glaube, man brauchte einen Begriff, der ein Mittleres ist zwischen drei Dingen: Erkennen, Bekennen und Deuten. Denn das Aufsuchen eines Motivs rührt an alles das irgendwie an. Das ist eben die Schwierigkeit der Psychologie, daß unsere gewohnten Begriffe zu fest sind, daß wir etwas mehr Lockeres, Unbestimmtes brauchen. Es kommt hier der Grundcharakter des Seelischen zur Geltung: alles ist mehrfach deutbar, unbestimmt, schwebend. Um Seelisches zu beschreiben, braucht man eine *Sprache*, die ebenso unfest ist; was freilich unserer gewohnten Denkordnung zuwiderläuft.

Das ist der tiefere Grund warum man nicht mit derselben Sicherheit von der »Erkenntnis« eines Motivs sprechen kann, wie man von der Erkenntnis eines Gegenstandes in der Wahrnehmungswelt spricht, und warum die Auffassung eines Motivs als Deutung nicht ganz befriedigt. Auf ein Motiv kommen ist ein Vorgang sui generis, der weder mit den Worten »sich zu ihm bekennen«, »erkennen«, »deuten« richtig bezeichnet ist. Um es paradox auszudrücken: Motive sind Dinge, die nie ganz wirklich und nie ganz unwirklich sind.

Ethik und Wissenschaft

Vorbemerkung

Der hier vorgelegte Vortragstext stammt vermutlich aus dem Jahr 1938, also aus Waismanns Cambridger Zeit. (Das Typoskript trägt die Überschrift »Ethik und Wissenschaft. Von Friedrich Waismann, Cambridge«.) Vom Typoskript (Nachlaß-Nr. J. 21), dem unser Text soweit wie möglich folgt, sind vermutlich etwa zwei Drittel erhalten. Der Rest wurde nach dem Kurzschrift-Manuskript (Nachlaß-Nr. J. 20) rekonstruiert. Die extrem schwierige Entzifferung des Manuskripts besorgte Wolfgang Grassl, der auch Hinweise zu einigen Zitaten beisteuerte. Für diese mühevolle Arbeit sei ihm an dieser Stelle gedankt.
Orthographie und Interpunktion des Originals wurden – bis auf wenige stillschweigende Korrekturen und Harmonisierungen – beibehalten. Manuskriptmaterial wurde in doppelten eckigen Klammern [[ ]] *eingeschlossen. Vermutungen, unsichere Lesungen und Ergänzungen stehen in einfachen eckigen Klammern* [ ]. »[...]« *heißt, daß ein Ausdruck nicht entziffert werden konnte. Anmerkungen des Herausgebers sind mit dem Zusatz* »[Hrsg.]« *versehen; Anmerkungen ohne diesen Zusatz stammen von Waismann.*

J. Sch.

Wie verhält sich der Geist der Wissenschaft zur Ethik? Löst die Wissenschaft die Grundlagen der Religion auf und führt sie zu oder begünstigt sie Amoral und Skrupellosigkeit? Ist die tiefe Krise der heutigen europäischen Ethik den naturwissenschaftlichen Entdeckungen des 19. Jahrhunderts zur Last zu schreiben? Es ist kaum zu leugnen, daß gewisse Ideologien wie das Recht des Stärkeren, die Verherrlichung der blonden Bestie, Nietzsches Idee der Züchtung des Übermenschen zusammenhängen mit Darwin. Strindberg hat in diesem Sinn von der »zoologischen Weltanschauung« unserer Zeit gesprochen. Tolstoi hat in ähnlichem Sinn die ganze westeuropäische Kultur angeklagt. Ist also der wissenschaftliche Geist der Zerstörer der Ethik?

In dieser Zeit, in der so vieles ungewiß ist, in der verschiedene ethische Ideale um die Herrschaft in den Seelen der Menschen kämpfen, während der wissenschaftliche Geist, scheinbar unbekümmert, wie ein stilles Gestirn seines Weges dahinzieht, ist es mehr als je nötig sich Rechenschaft zu geben von dem Verhältnis, in dem diese beiden Potenzen zueinander stehen.

Ursprünglich war wohl jede Ethik verbunden mit den Ideen einer bestimmten Religion, ihren Geboten wurde göttlicher Ursprung zugeschrieben. Diese religiöse Welt löst sich, gleichviel durch welche Ursachen, allmählich auf, und damit taucht erst das Problem der Ethik auf. Solang der Mensch gläubig ist im naiven Sinn, sieht er in der Ethik kein Problem. Der erste große Moralphilosoph der Weltgeschichte, *Sokrates*, ist der Zeitgenosse der

Sophisten. Zwischen ihm und den großen Philosophen des 7. und 6. Jahrhunderts hat sich ein bedeutsames Ereignis in der griechischen Geistesgeschichte vollzogen: das Absterben des überkommenen religiösen Glaubens, wenigstens bei den Gebildeten. Nun erst *fühlt* man in der Ethik ein Problem. Die tiefen Geister Pascal und Bayle beziehen ihre Tiefe erst von dem Zusammenstoß zwischen Gläubigkeit und Unglaube; wie ja auch Dostojewskis Geistigkeit in diesem Konflikt wurzelt. Sehr interessant ist in dieser Hinsicht auch Kierkegaard. Es scheint also eine komplizierte Seelenlage, eine gewisse historische Stellung zwischen zwei Zeitaltern nötig zu sein, um in dem Bestehen der Ethik ein Problem zu sehen.

Also: die Auflockerung des theologischen Untergrunds macht die Ethik *fragwürdig*, erhebt sie zu einem *Problem*, mit dem sich der denkende Geist auseinandersetzt.

Nun sucht man die Ethik irgendwie zu verankern, ihr eine Stütze zu geben. Und da drückt sich die große Bedeutung und die Ehrfurcht, die man immer vor ethischen Gedanken gefühlt hat, darin aus, daß man der Ethik ein metaphysisches Fundament zu geben versucht: sie ist nicht mehr offenbart durch den Mund der Gottheit, aber in ihr spricht sich der eigentliche Sinn des Daseins aus. So sehen wir eine Reihe großer Philosophen bemüht, die Ethik mit der Metaphysik in Verknüpfung zu bringen. So z. B. Kant, dem die Ethik das Gebiet ist, auf dem der Mensch aus der Sphäre der empirischen, der Naturkausalität unterworfenen Welt in eine intelligible, freie Geisterwelt hineinragt. Wie diese Gedankengänge bei Spinoza zur Geltung kommen und den ganzen Grundriß seiner Metaphysik bestimmen, ist bekannt.

Sehr klar sagt Schopenhauer: »... wie jede Religion auf Erden, indem sie Moralität vorschreibt, solche nicht auf sich beruhen läßt, sondern ihr eine Stütze gibt an der Dogmatik, deren Hauptzweck gerade dies ist; so muß in der Philosophie das ethische Fundament, welches es auch sei, selbst wieder seinen Anhaltspunkt und seine Stütze haben an irgendeiner Metaphysik, d. h. an der gegebenen Erklärung der Welt und des Daseins überhaupt; indem der letzte und wahre Aufschluß über das innere Wesen des Ganzen der Dinge eng zusammenhängen muß mit dem über die ethische Bedeutung des menschlichen Handelns.«[1]
Ich möchte nun sagen, daß sich jetzt, auf einer höheren Ebene, genau dasselbe vollzieht, was sich bei der Auflösung der soliden, gediegenen Religiosität vollzogen hat: der wissenschaftliche Geist unterminiert und löst allmählich diese metaphysische Scheinwelt auf.[2] Er sucht zuerst die Argumente dieser Theorien zu prüfen und dringt dann schließlich zur Entdeckung der Täuschungen vor, die durch einen unbesonnenen Gebrauch der Sprache entstehen. In dieser Periode befinden wir uns jetzt, und eben hierauf beruht, wenn ich nicht irre, das außerordentliche ethische Interesse der Gegenwart.

1 Arthur Schopenhauer, »Preisschrift über die Grundlagen der Moral«, § 1, in: A. Sch., *Sämtliche Werke,* textkrit. bearb. und hrsg. von Wolfgang Frhr. v. Löhneysen, Bd. 3, Stuttgart / Frankfurt a. M.: Cotta/ Insel, 1962, S. 634. [Hrsg.]

2 Ich sage nicht, daß die Vertreter der Wissenschaft antimetaphysisch oder ametaphysisch sind. Das ist Sache der persönlichen Einstellung. Aber im ganzen geht zweifellos die Tendenz dahin, die Wissenschaft von metaphysischen Gedankengängen abzulösen und selbständig zu machen – schon aus einer Art Selbsterhaltungstrieb der Wissenschaft, die nicht in die Anarchie und den Kampf der metaphysischen Lehrmeinungen hineingezogen werden will.

Nachdem wir so über die religiöse und die metaphysische Phase in der Begründung der Ethik gesprochen haben, kommen wir zu der Frage: Läßt sich die Ethik wissenschaftlich begründen? Verständigen wir uns zuerst über diese Frage. Was heißt es, die Ethik wissenschaftlich begründen? Wann würden wir sagen, daß wir sie begründet haben? Die Antwort scheint zu lauten: dann, wenn wir die Rechtmäßigkeit einer Ethik auf objektive Weise dartun können, d. h. so, daß jedes menschliche Wesen diese Ethik als bindend anerkennen muß. Ist diese Aufgabe lösbar?

Sehr bald werden uns Zweifel aufsteigen. Diese Zweifel werden von der Tatsache genährt, daß in der heutigen Welt offenbar verschiedene politische, rechtliche und ethische Ideale bestehen – eine Trennung dieser Gruppen scheint mir nur sehr künstlich möglich zu sein – ohne daß es bisher gelungen wäre, die Gegensätze auf wissenschaftliche Weise aus der Welt zu schaffen. Die Moralphilosophen sprechen zwar von *dem* Guten und wissen viel über das Verhältnis der Werte zu sagen, gehen aber sofort auseinander, sobald es sich darum handelt, in einem konkreten Fall zu entscheiden, welches Verhalten, welche Einstellung, welcher Typ von Mensch denn nun ethisch gefordert ist.

Aber wir müssen die Frage etwas prinzipieller fassen. In den Schriften der Philosophen, die sich mit ethischen Fragen beschäftigt haben, finden wir drei Arten von Sätzen:

(1) Definitionen
(2) Empirische Behauptungen
(3) Normen und Werturteile

Der erste Schritt zur Klärung ist nun die Bemerkung, daß

man aus Sätzen von Typus (1) und (2) niemals Sätze vom Typus (3) herleiten kann. Sie können z. B. die tatsächlichen Wertungen der Menschen wissenschaftlich beschreiben und – vielleicht – die Bedingungen erforschen, unter denen gewisse Wertungen entstehen oder sich verändern – Sie werden auf diese Weise Geschichte erhalten, Soziologie, aber nie werden Sie auf diese Weise erfahren, was Sie in einem gegebenen Fall tun sollen, was wirklich gut ist.

Man findet zwar manchmal Argumentationen, die es scheinen lassen, als könne man ein Werturteil durch Berufung auf Tatsachen begründen. Man sagt etwa: Töten ist unrecht; *denn* das Töten würde den Fortbestand des Menschengeschlechts bedrohen. Hier sieht man sogleich, daß in dieser Argumentation eine Lücke ist: es wird vorausgesetzt, daß der Fortbestand der Menschheit gut, wünschenswert, wertvoll ist. Voll ausgesprochen lautet also der Schluß: Töten bedroht den Fortbestand der Menschheit; das Fortbestehen der Menschheit ist wünschenswert; folglich ist Töten verwerflich. Das Werturteil, das abgeleitet werden soll, setzt also schon ein anderes Werturteil voraus. Und so verhält es sich mit allen Fällen einer angeblichen Herleitung von Werturteilen aus Tatsachen. Wenn Wundt z. B. sagt: Wertvoll ist, was dem Fortschritt dient oder was zur Schaffung geistiger Güter der Kunst und Wissenschaft beiträgt, so liegt der Zirkel auf der Hand: denn was als Fortschritt, als aufsteigende Entwicklung im Gegensatz zur absteigenden zu gelten hat, was ein geistiges Gut ist, das ist ja offenbar durch einen Wertmaßstab bestimmt, kann also nicht seinerseits zu dessen Bestimmung dienen. Wir sehen: man kann nie eine Wertaussage, z. B. »das ist gut, das ist verdienstlich« aus einer *Tatsache* ableiten. Bei jeder solchen Ableitung wird vielmehr offen oder versteckt eine weitere Prämisse benützt, die besagt, daß etwas Wert hat, so daß wir uns auf der Suche nach einer Begründung der Werturteile fruchtlos im Kreise drehen.

Sobald man sieht, daß sich Werturteile nur auf Werturteile zurückführen lassen, nie auf Tatsachen, so ist der nächste Gedanke der: die vorhandenen Werturteile auf eine möglichst kleine Zahl von Werturteilen zu gründen, welche sozusagen die deduktive Basis des ganzen Systems bilden. Ist nur einmal die Wahrheit der fundamentalen Werturteile, der Axiome der Wertwissenschaft, zugestanden, so ergeben sich daraus alle anderen mit logischer Notwendigkeit.

Damit scheint die Begründung der Ethik einen ähnlichen Charakter anzunehmen wie die Begründung der Mathematik, wo es ja auch scheint, daß das Geschäft des Begründens in zweierlei bestehe: erstens in der Rückführung der mathematischen Sätze auf eine möglichst kleine Zahl von Axiomen, aus denen sie deduktiv ableitbar sind; zweitens in dem Nachweis der Wahrheit der Axiome. Und in der Tat finden wir diesen Weg von einer angesehenen und zahlreichen Schule von Philosophen beschritten. Sie meinen, daß die Lösung der Aufgabe nur so möglich sei, daß sich von gewissen Normen, den Grundnormen, zeigen ließe, daß sie berechtigt, wahr, angemessen sind. Und alle anderen Werturteile würden dann insofern begründet sein, als sie sich auf jene ersten Wertaussagen zurückführen lassen.

Das ganze Problem würde sich demnach auf die Frage reduzieren: Gibt es irgendwelche Mittel, Wertungen,

Gebote, Normen als richtig zu erkennen? M. a. W. gibt es eine Erkenntnis des sittlich Guten? Sehr leicht scheint die Antwort zu sein: der Mensch handelt, er trifft Entscheidungen, die als moralisch gewertet werden. Wenn er handelt, muß er doch wissen, was recht und unrecht ist. Es scheint also nur eine Analyse seines Bewußtseins nötig zu sein, um hier die Quelle aller moralischen Urteile zu entdecken.

Und das ist in der Tat die Meinung einer Schule von Philosophen, die man als Intuitionisten bezeichnen kann. Nach ihnen soll der Menschengeist das Vermögen haben, das Vorhandensein eines Wertes festzustellen, den Wert zu erschauen, zu erfühlen oder wie sonst die bildliche Redeweise lauten mag. Die einen glauben, daß die Werte ein für sich bestehendes Reich bilden wie die Ideenwelt Platons und mit dem Auge des Geistes geschaut werden; die anderen lehnen diese Hypostasierung ab, bleiben aber dabei, daß es eine Erkenntnis von Werten gebe, die vollkommen objektiv und aller Willkür entrückt sei. Sie alle stimmen darin überein, daß es eine eigentliche Evidenz gibt, durch die sich uns die echten Werte anzeigen. Diese Evidenz wird bald mit der mathematischen, bald mit der Evidenz der Sinneswahrnehmung verglichen und in eine Linie gestellt.

So schreibt M. Scheler, Gut und Böse seien »klar fühlbare materiale Werte eigener Art. Definierbar ist hier natürlich nichts, wie bei allen letzten Wertphänomenen. Wir können hier nur auffordern, genau hinzusehen, was wir im Fühlen eines Bösen und Guten unmittelbar erleben.«[3]

3 Max Scheler, *Der Formalismus in der Ethik und die materiale Wertethik*, Halle: Niemeyer, [3]1927, S. 20. [Hrsg.]

»Das Fühlen, das Vorziehen, das Lieben und Hassen des Geistes hat seinen eigenen *apriorischen* Gehalt, der von der induktiven Erfahrung so unabhängig ist wie die reinen Denkgesetze. Und hier wie dort gibt es eine Wesensschau der Akte und ihrer Materie, ihrer Fundierung und ihrer Zusammenhänge. Und hier wie dort gibt es ›Evidenz‹ und strengste Exaktheit der phänomenologischen Feststellung.«[4]

Ähnlichen Ausführungen begegnen wir bei O. Kraus: »Sätze, die uns nicht sagen, was es in der Welt gibt, brauchen darum nicht ›nichtssagend‹ zu sein, sie sagen uns schon sehr viel, wenn sie uns sagen, was es in der Welt nicht geben kann. Und das ist es, worüber uns alle Sätze der Geometrie und Arithmetik belehren, nämlich z. B., daß in der Welt nicht sein kann ein Ding, das, zu einem von ihm verschiedenen Ding hinzugefügt, nicht eine Menge von zwei Dingen ergäbe, oder daß ein Dreieck, das nicht zwei Rechte zur Winkelsumme, unmöglich sei. Ähnlich aber sagen uns manche Wertaxiome z. B., daß eine als richtig charakterisierte Wertung des Schmerzes nicht anders als ablehnend (hassend) sein kann.«[5]

D. v. Hildebrand schreibt: »Es zeigt sich bei unbefangener Untersuchung, daß es für das Reich der Werte ein eigenes Wertkenntnisnehmen gibt, in dem uns die in den Dingen und Personen fundierten gegenständlichen Werte zur Gegebenheit kommen analog wie uns im Sehen Farben, im Hören Töne, in der äußeren Wahrnehmung

4 Scheler, *Der Formalismus*, ³1927. [Hrsg.]
5 Oskar Kraus, *Die Werttheorien*, Brünn/Wien/Leipzig: Rohrer, 1937, S. 172. [Hrsg.]

Dinge gegeben sind. Daß es sich hierbei um ein intuitives Erfassen handelt, steht außer Frage.«
Was sollen wir von solchen Lehren halten? Gibt es wirklich eine Evidenz, die uns mit untrüglicher Sicherheit verkündet, wo ein Wert vorliegt? – Die Anrufung der Evidenz als letzten Ankergrund der Erkenntnis muß heute jeden redlichen Denker mit einem gewissen Mißtrauen erfüllen. Auf keinem Gebiet hat man der Evidenz eine solche Bedeutung beigemessen wie in der Mathematik und Logik. Aber gerade auf diesem Gebiet hat sich gezeigt, daß vermeintlich absolut evidente Wahrheiten Irrtümer sind, die durch eine feinere [[logische]] Kritik ans Licht gezogen werden. Hier ein paar Beispiele:
Es scheint erstens evident zu sein, daß das Ganze größer ist als der Teil. Es scheint zweitens evident zu sein, daß zwei Mengen von gleichem Umfang sind, wenn es möglich ist, ihre Elemente ein-eindeutig aufeinander abzubilden, d. h. so, daß jedem Element der ersten Menge ein Element der zweiten und jedem Element der zweiten Menge ein Element der ersten entspricht. Und doch führen diese zwei Sätze, die uns so evident, so einleuchtend erscheinen, sogleich auf einen logischen Widerspruch. Wenn man z. B. zwei Strecken von ungleicher Länge aufeinander projiziert, so entspricht jedem Punkt der einen Strecke genau ein Punkt der anderen und umgekehrt; es gibt keinen Punkt, der dabei leer ausgeht. Man müßte also sagen, daß die beiden Strecken gleichviel Punkte enthalten – und doch stellt die eine Strecke offenbar einen echten Teil der anderen dar.
Es scheint evident zu sein, daß eine stetige Kurve in jedem Punkte eine bestimmte Fortschreitungsrichtung hat, und doch hat Weierstraß die mathematische Welt

mit der Entdeckung einer Kurve überrascht, die überall stetig ist und doch nirgends eine bestimmte Richtung besitzt.

Es scheint evident zu sein, daß jedem Prädikat ein Umfang entspricht, die Klasse der Dinge, die unter das Prädikat fallen. Und doch führt dieses scheinbar evidente Prinzip zu Antinomien, wie Russell an einem bestimmten Beispiel gezeigt hat.

Was halten Sie von dem folgenden Satz: Es ist möglich, die ganze unendliche Ebene derart mit Quadraten von abnehmender Größe zu überdecken, daß 1. kein noch so kleiner Bezirk der Ebene von diesen bedeckenden Quadraten freibleibt und daß 2. die Flächensumme aller zur Bedeckung verbrauchten Quadrate beliebig klein ist, z. B. kleiner als 1 mm^2? Sie werden sagen: Unsinn, das ist ganz unmöglich! Und doch ist das eine jedem Mathematiker vollkommen geläufige Tatsache, auf die zuerst E. Borel aufmerksam gemacht hat.

Angesichts solcher Erfahrungen ist es verständlich, daß der Kenner der exakten Wissenschaft heute außerordentlich vorsichtig ist, wenn er eine Behauptung durch Berufung auf die Evidenz verteidigen hört. Wenn schon in der Geometrie und Logik, wo die Kraft der Evidenz den höchsten Grad zu besitzen scheint, Evidenztäuschungen vorkommen – was soll man da erst von der Evidenz auf dem Gebiet der Wertungen halten, wo die Überzeugungen der Menschen so notorisch auseinander gehen?

Wir wollen indessen nicht vorschnell urteilen. Vielleicht gibt es doch eine Intuition, ein inneres Schauen, durch das uns der Unterschied zwischen Wert und Unwert offenbar wird. Vielleicht haben doch die Philosophen

recht, welche sich auf eine solche intuitive Quelle der Moral berufen.
Diese Philosophen versichern uns, daß die Menschen in ihren Urteilen über Wert und Unwert übereinstimmen, obwohl manchmal Irrtümer unterlaufen und es sogar einzelne Menschen [geben] mag, die wertblind sind. Ist damit die Situation auf dem Gebiet moralischer Wertungen richtig gekennzeichnet? Kann ein Beobachter, der von einem anderen Stern niederstiege und die Menschen sorgfältig betrachtete – ich meine nicht nur ihre Worte, sondern ihre Handlungen und Gefühle – mit diesem Bericht übereinstimmen? Würde er auch nur *ein* Gebiet von Wertungen entdecken, über die alle Menschen einig sind? Nehmen Sie ein Gebot wie »Du sollst nicht töten«. Ist das allgemein anerkannt? Nein, denn das Töten im Krieg ist ja erlaubt. Aber wie, das ist vielleicht nur Opportunismus, Ducken vor der Staatsmacht und nicht der Ausdruck der inneren Überzeugung? Nehmen wir einen anderen Fall. Wenn es einen menschlichen Unhold gäbe, der von der größten Gemeingefährlichkeit ist, ein Menschenschlächter im Stil Dschingis-Khans, der dabei über eine furchtbare Intelligenz verfügte, die ihn seinen Zeitgenossen überlegen macht – würden da nicht viele aus aufrichtigem Herzen erklären, es sei nur ein Verdienst, ein solches Scheusal aus der Welt zu schaffen? Und würde es nicht andere geben, die auch das Töten *dieses* Menschen für Sünde hielten? Denken Sie an die endlosen Diskussionen, ob der Staat das Recht habe, einen Menschen zum Tod zu verurteilen. Wie steht es mit der Frage, ob man einen unheilbar Kranken auf sein eigenes Verlangen töten darf? Ist Selbstmord unmoralisch? Denken Sie an Weininger, der Selbstmord beging,

weil er fühlte, daß die verbrecherischen Elemente in seiner Natur die Überhand gewannen – der also Selbstmord beging, *weil* er das Ethische liebte: war das nun ethisch oder nicht?

Aber, so werden Sie sagen, es gibt eben Ausnahmen; und dies nur darum, weil das Motiv in diesen Fällen Leidverminderung ist. Leidverminderung ist das wahre ethische Gesetz, das wir alle anerkennen. Aber dazu ist erstens zu sagen, daß viele meinen, daß Leid vertiefe, also wertvoll sei, und daß zweitens die Frage ist, was man als wertvoller betrachten will, ein gleichmäßig temperiertes Leben mit geringen Gefühlsschwankungen, oder ein Leben, in die Tiefen bewegt, himmelhoch jauchzend, zu Tode betrübt.

Aber dann ist doch Glücksmehrung etwas, das ungeteilt als gut gilt? Halt! Der Begriff des Glücks ist selbst wieder von moralischen Forderungen abhängig und in die Farbe eines ethischen Ideals getaucht. Glück ist doch etwas viel Komplizierteres als bloßes Wohlgefühl oder gegenwärtige Lust. Bedenken wir, wie verschieden das »Glück« aussieht, je nachdem hedonistische, heroische, asketische Ideale die Herrschaft haben. Die Formel, gut sei das, was das Glück vermehrt, sagt gar nichts, solange nicht näher erklärt wird, worin das Glück und die Glücksmehrung bestehen soll; und das bestimmen die Bekenner verschiedener Ethiken in verschiedener Weise. Ich frage nun wieder: gibt es eine wissenschaftliche Entscheidung, welches Glück das wertvolle, rechte Glück ist? Ist Glück das Glück des Kriegers, des Kampfes und Siegs? Ist Glück die Abtötung der sinnlichen Freuden, die Erforschung des Gewissens und das Suchen nach Gott? Ist Glück das gute Gewissen, das Gefühl der erfüllten Pflicht? Ist

Glück, wie die Stoiker meinten, die ἀταραξία, die Meeresstille des Gemüts? Ist Glück die Liebe? Ist Glück die heitere Zufriedenheit der Unschuld, das idyllische Behagen? Ist Glück der dionysische Rausch, in dem ein göttliches Licht die Welt erfüllt, wir uns eins fühlen mit dem Universum und die Musik der Sternenkreise vernehmen? Besteht das Glück in jenen seltenen Viertelstunden, in denen uns eine lichte, schwerelose Heiterkeit erfüllt, das Glück, das auf Taubenfüßen kommt? Oder ist das Glück das Glück des Schaffens? Wenn Gott zu einer Seele spräche »Wähle dir das Leben und die Glücksform, die du haben willst!« – könnte sie erkennen und entdekken, welches Glück das beste ist?

Nun könnte man sagen: Gut ist, was zur Glücksmehrung in einem dieser Sinne führt, indem man sich das Glück durch eine Disjunktion dieser Beschreibungen definiert denkt. Aber damit wäre wieder nichts geholfen: denn die Ideale kämpfen miteinander, und wer das Glück in dem Behagen und in der Idylle sieht, kann nicht das Glück des Kampfes predigen, und was gut in *seinem* Sinne heißt, ist bös im Sinne des anderen.

»Gut ist, was glücksmehrend ist.« Ja, hier scheinen alle übereinzustimmen; aber nur in den Worten, nicht in dem, was sie mit den Worten meinen, und geht man auf die Meinung zurück, so zerrinnt jene anscheinende Einhelligkeit.

Betrachten wir ein anderes Beispiel.[6] Wenn Menschen den Willen haben, ihre besonderen Fähigkeiten der Gemeinschaft nur unter der Bedingung besonderer Entlohnung zugute kommen zu lassen und weiter den

6 Vgl. K[arl] Menger, *Moral, Wille und Weltgestaltung*.

Wunsch haben, diese Entlohnung teilweise für ihre eigenen Kinder zu verwenden, um ihnen besondere Vorteile zu sichern, so ist das ein klarer und verständlicher Wunsch. Wenn eine andere Menschengruppe den Wunsch hat, alle Kinder gleichberechtigt und keines mit irgendwelchen Vor- oder Nachteilen ins Leben treten zu lassen, so ist dies zwar ein dem ersten entgegengesetzter, aber ebenfalls durchaus klarer und verständlicher Wunsch. Was aber könnten diese Wünsche dadurch gewinnen, daß jede der beiden Gruppen behauptet, daß ihr Wunsch der *Gerechtigkeit* entspreche? Ist das Erben von Privatvermögen moralisch oder unmoralisch? Blikken Sie in die heutige Welt und fragen Sie sich, ob jemand einen zwingenden Beweis für die Moral oder Unmoral zu führen vermag, einen Beweis, der von Voraussetzungen ausgeht, die alle Menschen anerkennen, und der durch rein logische Schlüsse zeigt, daß eines dieser beiden Systeme das gerechte ist. Wie steht es hier mit der angeblichen Intuition, dem Schauen des Guten, der inneren Evidenz?

Was ist moralisch, seiner Frau treu sein und sich der Liebe verschließen, oder in der Liebe etwas Göttliches sehen und ihr offenstehen? War Goethe unmoralisch, weil er viele Frauen liebte? Bedenken Sie, was von Theologen, Moralisten, Dichtern, Dramatikern, Politikern, Religionsstiftern über diese Dinge gesagt wurde, mit vollkommener Aufrichtigkeit, mit letzter Gewissenserforschung, und wie trotzdem die Überzeugungen so ungeheuer auseinander gehen – wollen Sie sich da noch immer auf eine moralische Intuition berufen?

Noch mehr weitet sich das Bild, wenn wir verschiedene Kulturen miteinander vergleichen. Ein Beispiel mag hier für viele stehen. Es stammt von Darwin, der von den schrecklichen Gewissensqualen berichtet, die ein wilder Afrikaner empfand, weil er versäumt hatte, irgendeine Zauberei an einem Nachbarstamm zu rächen. »Ein Missionar hatte ihm nämlich eindringlich vorgestellt, daß die Tötung eines Menschen eine schwere Sünde sei, und so wagte der Wilde nicht, die Rache zu vollziehen. Aber das Bewußtsein der vernachlässigten ›Pflicht‹ drückte ihn so sehr, daß er verstört umherging, Speise und Trank verschmähte und zu keiner Freude fähig war – kurz, er zeigte alle Merkmale des ›schlechten Gewissens‹. Endlich ertrug er's nicht mehr, verschwand heimlich, erschlug einen Mann der andern Sippe und kehrte guter Dinge zurück, nunmehr leichten Herzens: er hatte seine Pflicht erfüllt und sein Gewissen durch den Mord beruhigt.«[7] Wer wird behaupten, die Gefühle des »Wilden« seien nicht echte Gewissensbisse?

Aber das eindringlichste Beispiel für das Gesagte aus unserer eigenen Zeit ist die Gegenüberstellung von Nietzsches Ethik und christlicher Ethik. Alles was im Christentum als gut gilt – Demut, Leiden, Friedfertigkeit – wird von Nietzsche als schlecht bezeichnet, während das Böse, Harte, Herrenmäßige das wirklich Gute ist, das nur durch das Ressentiment der Schwachen und Zurückgebliebenen, durch den Sklavenaufstand der Moral schlecht gemacht und verleumdet worden ist. Kann man zweifeln, daß Nietzsche es ehrlich meinte? Sollen wir uns zur Kritik dieser Lehre darauf berufen, daß die Verkündung einer »Herrenmoral« und die Scheidung der Menschen in Herren und Sklaven den Prinzi-

7 Moritz Schlick, *Fragen der Ethik*, Wien: Springer, 1930, S. 67. [Hrsg.]

pien der Gerechtigkeit widerspricht? Damit wäre nichts gewonnen; denn die Gerechtigkeit, sagt uns Nietzsche, ist eine Erfindung der Armen und Schlechtweggekommenen, die sich an den Herren rächen, indem sie ihr Gewissen vergiften. Es ist klar: hier steht Ideal gegen Ideal, Überzeugung gegen Überzeugung.

Unter dem Eindruck solcher Beispiele wird man zu zweifeln beginnen, ob es eine Intuition gibt, die uns belehrt, was recht und unrecht ist. Gewiß spielen Überzeugungserlebnisse bei der Gewinnung einer moralischen Auffassung eine wichtige Rolle. Aber diese Erlebnisse können nicht das *Kriterium* für die Gültigkeit einer Moral sein, denn diese Überzeugungen gehen eben auseinander. Ein Christ und ein Anhänger Nietzsches können beide erklären, daß sie von der Richtigkeit ihrer Auffassung vollkommen durchdrungen sind. Jede mit aufrichtigem Eifer verfochtene moralische Stellungnahme, die von der üblichen abweicht, ist eigentlich ein Beispiel dafür.

[[Die Verteidiger der Evidenzlehre behaupten natürlich, daß in diesem Fall nicht die richtige, die echte Evidenz erlebt werde, es handle sich vielmehr um eine Überzeugung ohne echte Evidenz. Diese Behauptung verwickelt sich aber in einen unaufhebbaren Widerspruch. Entweder nämlich, die echte Evidenz wird von der unechten, der bloß subjektiven Überzeugung, als etwas Entscheidendes erlebt, dann werden also beide gar nicht miteinander verwechselt; Evidenztäuschungen kommen dann gar nicht vor, und damit wäre der Tatbestand geleugnet, zu dessen Erklärung die ganze Lehre erfunden wurde. Oder aber es besteht kein aufweisbarer Unterschied zwischen den beiden Erlebnissen oder Bewußtseinszuständen. Dann ist damit besagt, daß es nur auf indirektem Wege, also durch nachträgliche Untersuchung, möglich ist zu entscheiden, ob eine ethische Überzeugung mit echter Evidenz oder ohne echte Evidenz vorgelegen, mit dem Zugeständnis, daß das Kriterium für die Richtigkeit einer Überzeugung überhaupt nicht in dem Evidenzerlebnis zu suchen ist, sondern in etwas anderem, nämlich in denjenigen Kriterien, welche bei jener nachträglichen Untersuchung [verwendet] werden mußten. Damit ist aber die Behauptung von der Evidenz als letztem Ankergrund sittlicher Erkenntnis aufgehoben. Es führen somit beide Alternativen zum Widerspruch mit den Voraussetzungen anderer Lehren, und es ergibt sich, daß die tatsächliche Unterscheidung zwischen evidenter und evidenzloser Überzeugung nur eine künstliche Konstruktion war, ersonnen, um die Behauptung aufrechterhalten zu können, daß jede richtige sittliche Stellungnahme durch ein spezielles untrügliches Evidenzerlebnis sich uns ankündige.

So ist es zu verstehen, daß wir heute die Berufung auf die Evidenz nicht als letzte Richterin anerkennen können. Ich wiederhole: es gibt viele, einander widersprechende, unversöhnliche Ethiken:

(1) die Ethik Epikurs
(2) die Ethik der Stoiker
(3) die Ethik des Christentums
(4) die Ethik Nietzsches.

Und dabei erhebt sich natürlich die Frage: kann die Wissenschaft zwischen ihnen entscheiden? Hat sie Ergebnisse, welche ermöglichen, herauszufinden, welche Moral »richtig« ist?]]

Wenn in der Geschichte der Wissenschaft oder der Philosophie ein Problem allen Angriffen hartnäckig widersteht, dann wird früher oder später der Verdacht auftauchen, daß die richtige Fragestellung noch nicht gefunden ist. Von einer großen Klasse philosophischer Probleme wissen wir heute, daß sie einer falschen Formulierung ihr Dasein verdanken. Und damit dringt unsere Besinnung zu einem wesentlicheren Punkt vor: Ist die Frage, welche von verschiedenen Ethiken die richtige sei oder ob man die Richtigkeit einer Ethik in objektiver Weise dartun könne, in dieser Form überhaupt richtig gestellt? Die Ethik nimmt ja gewöhnlich die Form von Geboten, Moralvorschriften an. Können nun Gebote oder Vorschriften überhaupt wahr sein? Welche Methoden haben wir, eine solche Frage zu entscheiden? Ich glaube, daß uns zunächst eine gewisse Besinnung darüber not tut, was wir mit einer Norm überhaupt *meinen*. Wir müssen den *Sinn* einer Norm untersuchen; oder den *Sinn* eines Werturteils.

Wir sagen: »Das ist eine wirklich gute Handlung«, »Das ist ein edles Motiv«. Das klingt wie eine Beschreibung und drückt doch nur eine Billigung aus. Wir werden hier, wie so oft, von der Sprache irregeführt. Wenn jemand erklärt, daß für ihn das Leben sinn- und wertlos ist und daß er alles billigt, was zum Untergang der Menschengattung führen würde, so ist er absolut nicht zu widerlegen. Wir können allerdings versuchen, die freundlichen Seiten des Daseins vor sein Auge zu bringen und dadurch seine Einstellung zu ändern; aber das ist etwas ganz anderes als eine Widerlegung. Was wir in einem solchen Fall tun, besteht darin, daß wir ihn von seinen trüben Gedanken abbringen. Setzen Sie den Fall, daß Sie wüßten, daß sich ein Mensch mit Selbstmordabsichten trägt und daß Sie versuchen, ihm diese auszureden, ihn von seinem Vorhaben abzubringen. Was können Sie tun? Können Sie ihn *widerlegen*? Können Sie ihm wissenschaftlich *beweisen*, daß sein Pessimismus unbegründet ist, daß das Leben gut und lebenswert ist? Würden Sie sich etwa darauf berufen, daß er *wertblind* ist und sein Urteil der nötigen Evidenz entbehrt? Sie werden nichts von alledem tun. Sie können ihm helfen, ihm freundlich zusprechen, Sie können ihn ermutigen und frische Hoffnung in seine Seele senken, indem Sie ihm einen Ausweg zeigen, wo er alles versperrt sieht, oder Sie können ihn durch rein menschliche Sympathie, durch Teilnahme und Freundlichkeit *trösten* – kurzum, Sie können seiner Verzweiflung entgegenwirken und seinen *Willen* zu ändern versuchen. Aber das Wesentliche ist, daß Sie etwas *tun* – nicht, daß Sie ihn theoretisch zu bekehren trachten.

Damit haben wir den entscheidenden Punkt berührt: Ethik ist Sache des Willens, nicht des Verstandes. Darum haben die ethischen Sätze nichts mit Erkenntnis und Irrtum, nichts mit wahr und falsch zu tun.

Die Billigung, von der die Wertphilosophen so viel reden, besteht nicht in einem Für-wahr-Halten, in jenem passiven anschauenden Zustand, den wir etwa haben, wenn wir uns der Betrachtung einer geometrischen Figur überlassen und einen Lehrsatz für richtig finden; in der Billigung liegt etwas Aktives, ein Jasagen, eine Stellungnahme, ein Sich-Einsetzen und Auf-sich-Nehmen, ein Sich-Verpflichten, aus ihr spricht die Stimme des Willens und nicht die des Erkennens. Daß unsere Sprache diese so verschiedenen Akte mit demselben Namen bezeichnet, mit Zustimmung und Ablehnung, Jasagen und

Neinsagen, Anerkennen und Verwerfen, hat viel zu der alten Verwirrung auf diesem Gebiet beigetragen.

Wenn wir diese Frage wissenschaftlich untersuchen wollen, so müssen wir in kleinen Schritten vorgehen und zusehen, wie z. B. das Wort »sollen« in unserer Sprache gebraucht wird. Hier möchte ich einige ganz einfache Bemerkungen zusammentragen, die vielleicht den Sinn jenes Wortes erhellen mögen. In dem Gebrauch unserer Sprache besteht eine enge Verbindung zwischen den Worten »ja« und »nein«, »wahr« und »falsch«, die sich z. B. darin verrät, daß man sagen kann:

Es ist wahr, daß es regnet = es regnet.

Es ist falsch, daß es regnet = es regnet nicht.

D. h. es charakterisiert die Grammatik der Worte »wahr« und »falsch«, daß man (zumindest in einer großen Klasse von Fällen) die Bejahung oder Verneinung einer Aussage ersetzen kann durch die Erklärung, jene Aussage sei wahr oder falsch. Zum Beispiel: er hat nicht getötet = es ist falsch, daß er getötet hat. Nun führen wir in diese Verbindung das Wort »sollen« ein; und da zeigt sich sofort eine höchst auffällige Erscheinung: die Negation läßt sich nicht mehr durch den Terminus »falsch« ausdrücken. Das Gebot in der Bibel lautet »Du sollst nicht töten«; aber niemandem würde es in den Sinn kommen zu sagen »Es ist falsch, daß du töten sollst« – ein Wink, daß hier die Negation einen anderen Sinn annimmt und ihren Zusammenhang mit Wahr und Falsch verloren hat. Bezeichnend ist auch, daß manche Sprachen wie Latein und Griechisch die Negation einer Norm mit Hilfe eines anderen Wortes ausdrücken als die Negation einer Aussage.

Eine andere hierher gehörige Tatsache ist die: Ein Kind

lernt, was es zu tun hat, wenn die Erwachsenen sagen, es *soll* folgsam sein. Aber es ist weit entfernt davon zu fragen: ist das wahr? Es kann etwa fragen: Soll ich das wirklich tun, d. h. meinst du das im Ernst? aber nicht: Ist die Vorschrift wahr? Ich möchte sagen, daß sich das Kind über die Bedeutung des Wortes »sollen« viel klarer ist als die Philosophen, die mit viel Scharfsinn Wahrheit und Evidenz in das Sollen hineinphilosophieren und dadurch den schlichten, ursprünglichen Sinn des Wortes entstellen und verdrehen. Die Norm hat ja eine unverkennbare Ähnlichkeit mit dem Befehls- und dem Wunschsatz, von dem sie sprachlich oft nicht zu unterscheiden ist; und niemand wird behaupten wollen, daß ein Imperativ oder ein Wunschsatz wahr oder falsch ist. Ich möchte aber damit nicht sagen, daß die Norm nur eine besondere Klasse von Regeln ist in dem Sinn, in dem etwa die geraden Zahlen eine Teilklasse der natürlichen Zahlen sind; sondern ich weise nur auf eine gewisse Ähnlichkeit[8] [[in der Grammatik einer Norm und einer Regel hin. Es ist kaum einfach zu sagen, daß eine Regel der Grammatik oder eine Definition auf einer ganz ande-

8 Das Ms. hat außerdem folgende Formulierung: »(... sondern ich weise nur auf eine gewisse Ähnlichkeit) mit Imperativen hin. Die Normen der Logik sind keine Befehle, die von einem Befehlenden ausgehen, und ihre Auffassung als Imperative würde gezwungen und unnatürlich erscheinen. Ein anderer Unterschied ist aber der: Hinter einem Befehl steht immer eine Macht, die ihm Nachdruck verleiht. Ohne diese Macht ist der Befehl kein Befehl. Eine Norm aber setzt keine Macht voraus, wir können sie freiwillig anerkennen oder verwerfen. / Ich möchte aber damit nicht sagen, daß jede Norm nur eine besondere Klasse von Regeln ist, in dem Sinn wie jene der ungeraden Zahlen eine Subklasse aller Zahlen ist; sondern ich weise nur auf gewisse *Ähnlichkeiten* (in der Grammatik einer Norm und einer Regel hin.)« [Hrsg.]

ren Stufe steht als eine ethische Norm. Wer diesen Unterschied klarmachen will, der täte am besten, die Rolle, die Funktion zu beschreiben, welche die Norm im Leben der Gemeinschaft spielt. Es wird dasjenige zu sagen sein, daß der Heranwachsende die ethischen Normen der Gemeinschaft lernt, daß er sie mit Lohn und Strafe in Verbindung bringt, daß ihm vor gewissen Handlungen Respekt und Ehrfurcht, vor anderen Mißbilligung und Abscheu oder Scham anerzogen werden.
[...][9]
Der Charakter einer Unbegründbarkeit einer Moral tritt dabei hervor, wenn man sich fragt, was man gegen eine bestimmte Moral einwenden kann. Nehmen wir als Beispiel die Ethik Nietzsches.
Man könnte sagen, daß Nietzsches Ideale, wenn man sie konkret versteht, groß und klar und [...] werden. Stellen wir uns eine Gemeinschaft vor, in der als Norm festgesetzt würde: »Alles, was Herrenmenschen tun, ist erlaubt. Die Anderen sollen den Herrenmenschen dienen.« Dann ist klar, daß in dieser Gemeinschaft eine Rechtsprechung unmöglich ist. Was Nietzsche vorschwebt, ist der Gedanke: Herrenmensch ist derjenige, der sich in seinem Innern zum Herrn berufen fühlt und den Mut hat, sich über die Sklavenmoral hinwegzusetzen. Das wäre danach das Kriterium des Herren. Verfol-

9 Das Ms. fährt hier (soweit lesbar) fort: »Sehen wir uns, zur Erleichterung der Entscheidung, [...] in einer anderen Wissenschaft an. Ich möchte hier Ihre Aufmerksamkeit auf eine merkwürdige Ähnlichkeit lenken, die zwischen der Ethik, dem Recht, der Logik, der Geometrie und der Grammatik besteht. / Man kann das Recht auf zwei Arten beschreiben:« Danach fehlen mehrere (wahrscheinlich fünf) Seiten des Manuskripts. [Hrsg.]

gen wir aufgrund dieses Kriteriums die erwähnte Norm rein logisch in ihre Konsequenzen, so sehen wir, daß die Sklavenmoral von den Herrenmenschen [...] festgelegt werden könnte. Wie aber werden Konflikte zwischen Herrenmenschen ausgetragen? Nehmen wir an, es würde ein Recht, ein Gesetzbuch für Herrenmenschen geschaffen, das in solchen Konflikten entscheidet. Es werden also jetzt zwei Rechtssysteme nebeneinander bestehen, ein Sklavenrecht und ein Herrenrecht. Was nun, wenn ein Herrenmensch von einem Sklaven beleidigt wird oder beraubt etc.? Nehmen wir an, der Täter wäre festgestellt. Dann kann sich der Täter, wer immer er sein mag, einer Bestrafung aufgrund der Sklavengesetze entziehen durch die Behauptung, daß er ein Herrenmensch ist, und könnte diese Behauptung gerade dadurch beweisen, daß er ja den Mut gehabt hat, die Sklavenmoral zu durchbrechen und den Herren anzuschreien. Die Folge wäre, daß das Kriterium, das Nietzsche [vorschwebt], die Anwendung der Sklavengesetze illusorisch machen würde; d. h. das Kriterium, das Nietzsche [vorschwebt], ist rein logisch mit der Annahme des Bestehens zweier unterschiedlicher Moralen nicht vereinbar.

Ein Bekenner dieser Ethik könnte sich insbesondere so helfen, daß er nun ein anderes Kriterium gibt, das zwischen Herren und Sklaven unterscheidet und das es unmöglich macht, daß einer sich selbst zum Herren erklärt: [...] präzise [...] Merkmale, die Selbstbestimmung, hervorragende Leistung etc. Dann ist ein solches Rechtssystem logisch möglich.

Man könnte zweitens sagen, daß die Herrschaft des Machtwillens gar nicht zu dem von Nietzsche gewollten Effekt führen würde, Nietzsche schwebt ein bestimmter

Kulturzustand vor, den er vor allem im 6. vorchristlichen Jahrhundert in Griechenland verwirklicht findet. Man könnte nun sagen, daß das von Nietzsche so viel bewunderte 6. Jahrhundert seine Leistungen ganz anderen Umständen verdankt als dem nackten Willen zur Macht. Es ist mehr als wahrscheinlich, daß der ungeheure Aufschwung jener Zeit auf dem Handel, der Kolonisation und dem erwachenden Fortschritt beruht und nicht auf dem Machtwillen, der sich in den zahllosen Kleinkriegen verschleißt, die kulturell wertlos waren, das Land herabbrachten und selbst zum Untergang der großen Persönlichkeiten beitrugen.

Eine solche [Verpflichtung] würde den Anhänger der Herrenmoral vor eine neue Entscheidung stellen: er müßte sich nun klar werden, was er eigentlich will, ungezügelten Machtwillen oder große Kulturleistungen. Durch solche Verpflichtungen wie diese können wir ihn höchstens einsehen lassen, daß der Machttrieb nicht den Effekt hat, den er sich von ihm erwartet hatte, und nun kommt es ganz auf ihn an, ob er folgsam an dem Ideal des Machtwillens festhalten will oder eine andere Moral annimmt, unter deren Herrschaft mehr Aussicht besteht, die Ideale jenes Jahrhunderts zu verwirklichen. Letztlich aber ist das wiederum die Sache einer Entscheidung.

Man könnte drittens sagen, daß die Lehre von der ewigen Wiederkehr des Gleichen, auf die Nietzsche in seiner späteren Zeit soviel Wert legt und in der er das metaphysische Fundament seiner Ethik erblickt, sinnlos ist. Denn wenn alle Dinge und Zustände in der Welt, genauso wie sie waren, wiederkehren, so kann man ebensogut sagen, daß jedes Ding in der Welt nun einmal das ist und daß die Zeit in sich geschlossen ist. Aber Nietzsche hätte natür-

lich seine Machtethik aufrechterhalten können, ohne sie mit jenen metaphysischen Spekulationen zu belasten.
Man sieht, daß durch solche Kritik nur der *Ausdruck* geprüft wird, nicht die *Intention*. Ob ich mit Stolz, Härte, Kampfwille sympathisiere oder mit christlichen Tugenden, wird dadurch nicht entschieden. Nietzsche sucht mit allen Mitteln seiner Sprache zu seiner Wertauffassung zu überreden, zu *verführen*, aber er bringt kein einziges wissenschaftliches Argument vor. Sie erkennen zugleich, daß durch wissenschaftliche Gedankengänge und Argumente überhaupt nichts gegen seine Werthaltung auszurichten ist. Zuletzt ist die Frage immer die: Willst du die Welt so? Oder willst du sie nicht so?
Eine Kritik an einem Normensystem kann, soviel ich sehe, immer nur von dieser Art sein: Sie kann nur auf einen Nachweis ausgehen, daß die Normen logisch unvereinbar sind oder daß sie unklar ausgedrückt sind, daß das Ziel in der Anwendung entsteht oder daß der Kausalzusammenhang unrichtig eingeschätzt wird, so daß sich nicht der von dem Gesetzgeber gewünschte Erfolg einstellt. Eine Kritik daran, ob die Norm *richtig* ist, ob sie *wert* ist aufgestellt zu werden, ist ein bloßes Spiel mit Worten.
Nehmen Sie ein einfaches Beispiel. Ich kann fragen, ob ein Zug im Schachspiel richtig, d. h. regelgemäß ist; aber dies kann durch Vergleich mit den Regeln des Spieles eindeutig entschieden werden. Aber ich kann nicht fragen, ob die Schachregeln so sein sollen, wie sie sind: eine solche Frage verletzt den geraden Sinn der Worte. Und doch besteht ein Großteil der Untersuchungen der Ethiker aus Fragen dieser Art.
Aber, so werden Sie entgegnen, die Normen der Ethik

sind eben nicht Spielregeln, sie sind ewig gültige Forderungen wie die Normen der Logik. Gut, sehen wir uns die Situation auf diesem Gebiet an.

Zunächst einmal: Ewig gültige Forderungen sind die logischen Normen gewiß nicht. Denn heute hat sich bereits klar herausgestellt, daß, bei schärferer Formulierung, nicht *ein* System der Logik besteht, sondern verschiedene Systeme, die in diversen Einzelheiten voneinander abweichen: Systeme mit Typentheorie und ohne Typentheorie, mit Reduzibilitätsaxiom und ohne Reduzibilitätsaxiom, mit Ausgeschlossenheit des Dritten, ohne Ausgeschlossenheit des Dritten etc. Die Vorstellung *einer* Logik entspricht einem zurückgebliebenen Zustand der Wissenschaft, aber ist heute obsolet geworden.

Ich kann fragen, ob ein vorliegender Beweis richtig ist; das Wort »richtig« hat hier die Bedeutung: den Regeln der Logik gemäß. Die Logik gibt Anweisungen, Regeln, Normen, deren Schlüsse und Beweise gehorcht werden soll.

Die Frage, ob ein Beweis richtig ist, hat einen klaren Sinn. Stellen Sie sich nun aber vor, daß jemand die Frage aufwerfen würde: Sind nun die Regeln der Logik selbst richtig? Oder sollten diese Regeln vielleicht anders lauten? Eine solche Frage führt uns in Verlegenheit. Ich möchte nicht sagen, daß sie sinnlos ist – mit der Verwendung des Wortes »sinnlos« sollte man sparsam umgehen – ich sage nur, daß in dieser Form nicht klar zu sehen ist, was der Fragende meint. Aber wir können, wenn wir wollen, der Frage einen anderen Sinn geben. Denken wir uns zum Beispiel, daß jemand ein anderes System von Regeln aufstellt, wie das heute der Fall ist. Die Frage, ob

wir dieses neugeschaffene System von Regeln anerkennen und zum Schluß verwenden sollen, wird davon abhängen, was wir von einem System logischer Regeln verlangen und was das erwähnte System leistet. Nehmen wir jedoch an, daß sich bei näherer Prüfung herausstellt, daß das neue System in der Tat gewisse Vorzüge besitzt, die dem alten abgehen, dann könnten wir dazu auch sagen: dieses System ist eine bessere Logik. Wir haben dann die beiden logischen Systeme gewertet – aber diese Wertung ist wieder nur möglich aufgrund einer vorangegangenen Übereinkunft, die besagt, welche Eigenschaften ein logisches System besitzen *soll*, und diese Übereinkunft ist *wieder willkürlich*. Eine Begründung kann uns schon darum nicht gelingen, weil sie einmal aufhören müßte, d. h. weil sie schließlich auf etwas führt, was sich nicht mehr begründen läßt. Wir kommen daher nie zu etwas Letztem. Nur die Festsetzung ist das Letzte.
Ich möchte mich so ausdrücken: In der Logik wollen wir keine Begründung haben, und zwar darum, weil keine Begründung uns befriedigen kann. Was wir geben können, ist am Schluß nur eine Beschreibung der Logik. Die Logik ist autonom. Alles, was ausschaut wie eine Begründung, ist also schon [. . .] und wird uns nicht ganz befriedigen. Wir fragen nie nach einem Warum.
Ein Ethiker kann seine Lehre verkünden, er kann für sie werben, [. . .] durch Überredung oder durch sein Leben. Aber er kann eines nicht: er kann seine Ethik nicht begründen. Schopenhauer hat gesagt: Moral predigen ist leicht, Moral begründen schwer. – Ich sage: Moral predigen ist schwer, Moral begründen unmöglich.[10]

10 Ob dieser Absatz und der folgende Satz an diese Stelle gehören, ist nicht sicher. Zu dem Schopenhauer-Zitat (»Über den Willen in der

Zu einer Ethik kann man sich nur *bekennen.*[11]
Noch ein Wort über die Normen. Dadurch, daß ich die Normen als frei *wählbar* bezeichne und in ihnen keine ewigen Wahrheiten sehe, scheine ich ihren Rang zerstört, sie degradiert zu haben. Auf diesen Vorwurf wüßte ich nichts zu erwidern. Der Einwand beruht auf einer Erwägung über den Wert der ethischen Normen, und jede Auseinandersetzung würde den Bereich der Wissenschaft verlassen. Aber wenn Sie mir erlauben, daß ich nun zum Schluß des Vortrags aus dem Bereich der Wissenschaft hervortrete und mich selbst zu einer Wertung bekenne, so würde ich sagen: Nein, diese Auffassung der Normen entwertet sie in meinen Augen nicht. Durch die genaue Trennung des Willensmäßigen vom Erkenntnismäßigen erfährt die Ethik eher eine *Sublimierung* – erst jetzt wird klar, daß die Ethik aus Forderungen besteht, zu denen wir uns *bekennen*, und welche deshalb in ganz anderem Sinn uns eigen werden als jedes äußere Gesetz.
Die Wissenschaft schützt nicht Normen, und sie zerstört nicht Normen, aber sie will uns diese eigentümlichen Gebilde in ihrer Unbegründbarkeit klar erkennen lassen, sie hebt uns mit dem Ausblick auf die Vielheit möglicher Ethiken zu einer höheren Stufe des Bewußtseins empor, und indem sie uns *Freiheit* gibt, gibt sie uns die *Verant-*

Natur, Hinweisung auf die Ethik«, in: A. Sch., *Sämtliche Werke*, hrsg. von Wolfgang Frhr. v. Löhneysen, Bd. 3, S. 472) vgl. Friedrich Waismann, »Wittgenstein und der Wiener Kreis«, hrsg. von Brian McGuinness, in: Ludwig Wittgenstein, *Schriften 3*, Frankfurt a. M.: Suhrkamp, 1967, S. 118. [Hrsg.]

11 Wir können eine Ethik annehmen, uns zu ihr bekennen: aber wenn jemand sie verwirft, so können wir nicht *beweisen*, daß er Unrecht hat; oder besser gesagt: es hat hier keinen Sinn, von Beweisen zu sprechen.

wortung. Denn, lassen Sie mich eines sagen: Wer aufgrund der bisherigen Erwägungen meinen wollte, daß die Ethik Sache der Willkür sei, wie eben die Regeln eines Spiels, der wäre in einem großen Irrtum befangen. Das Sichbekennen zu einer Moral ist ein *tiefer* Vorgang – ich wüßte kein anderes Wort zu verwenden, um zu bezeichnen, daß wir das Gefühl haben, daß der Kern unserer Persönlichkeit in dieser Wahl hervortritt oder sich in dieser Wahl manifestiert.

Die Menschen, die fraglos und ohne Hintergedanken einer Ethik folgen, für welche die Gasse des Lebens klar und geradlinig dahinführt – wie leicht haben sie es im Vergleich mit uns. Sie ahnen nichts von der ungeheuren Vielfalt, von den Möglichkeiten und den Gefahren der Entscheidungen. Sie haben den Geboten der Ethik zu folgen, und darin liegt ihr Verdienst. Für den aber, dessen Bewußtsein frei geworden ist durch die Erkenntnis, der die Erregungen und Ideale des Lebens sieht und zu *wählen* hat, für den erhält die Ethik einen neuen Sinn und einen neuen Ernst. Vor seinem Auge verflüchtigen sich die bunten Nebel, welche die Einbildungskraft der Menschen um die moralischen Gesetze gewoben hat, er fragt nicht mehr nach Wahrheit in der Moral, aber hat zu wählen und sich zu entscheiden. Und erhält die Ethik dadurch nicht eine neue Würde, welche der alten Auffassung fremd war?]]

Nachwort

Friedrich Waismann wurde 1896 als Sohn einer österreichischen Mutter und eines russischen Vaters in Wien geboren, wo er an der Universität Mathematik und Physik studierte. Nach Abschluß des Studiums lehrte er Mathematik (u. a. an der Volkshochschule) und entwickelte so frühzeitig seine Begabung, komplizierte Sachverhalte leicht verständlich darzustellen. Anfangs beeinflußte ihn der Mathematiker Hans Hahn, bei dem er studierte, und dann vor allem der 1922 auf den Wiener Lehrstuhl für Philosophie der induktiven Wissenschaften berufene Moritz Schlick, der bis zu seiner Ermordung 1936 Waismanns Mentor blieb.

Waismann war Schlicks inoffizieller Assistent und nahm schon bald an den Sitzungen des sogenannten Wiener Kreises (Neurath, Schlick, Carnap, Feigl u. a.) teil. In den späten zwanziger und frühen dreißiger Jahren hatte Waismann die Aufgabe, die Mitglieder des Kreises über Wittgensteins Gedanken zu informieren, die in ihrer im *Tractatus logico-philosophicus* niedergelegten Gestalt bei der Gründung des Wiener Kreises eine bedeutende Rolle gespielt hatten, den Wienern später aber nur durch Schlicks und Waismanns Vermittlung zugänglich waren. Gleichzeitig arbeitete Waismann an einer systematischen Darstellung der Philosophie Wittgensteins. Kurz vor Schlicks Ermordung im Jahre 1936 verschlechterte sich die persönliche Beziehung zwischen Waismann und Wittgenstein, z. T. wohl deshalb, weil letzterer eine angemessene Anerkennung der Urheberschaft seiner Gedanken in Waismanns Aufsatz über Identität[1] vermißte. Das einstige freundschaftliche Verhältnis wurde selbst dann nicht wiederhergestellt, als Waismann 1938 nach

1 Friedrich Waismann, »Über den Begriff der Identität«, in: *Erkenntnis* (1936), abgedr. in: Gerd H. Reitzig (Hrsg.), *Friedrich Waismann: Was ist logische Analyse?*, Frankfurt a. M.: Athenäum, 1973, S. 25–33.

Cambridge kam, wo Wittgenstein schon seit Jahren lehrte.
Schlicks Ermordung, die politische Entwicklung in Österreich und letztlich natürlich der »Anschluß« 1938 veranlaßten Waismann dazu, nach England zu emigrieren. Zuerst lebte und lehrte er in Cambridge, ab 1939 in Oxford, wo er 1959 starb. In Oxford war Waismann, was seine akademische Laufbahn angeht, zum ersten Mal erfolgreich, zuerst als Reader in the Philosophy of Mathematics und später als Reader in the Philosophy of Science. Im Jahre 1955 wurde er Fellow der British Academy. Doch sowohl durch den Tod seiner Frau und seines Sohnes als auch wegen einer nie überwundenen Fremdheit in England fühlte Waismann sich zunehmend isoliert.
Es liegt nahe, Waismanns Arbeit in drei Schaffensperioden zu gliedern, wobei allerdings nicht vergessen werden darf, daß frühere Gedanken auch in den spätesten Arbeiten wiederkehren. Die erste Periode ist die der engen Zusammenarbeit mit Wittgenstein und der ersten Stufen seiner Arbeit an *Logik, Sprache, Philosophie*.[2] Während dieser Zeit erscheinen Waismanns erste Artikel in *Erkenntnis*, der Zeitschrift des Wiener Kreises. Die zweite Periode umfaßt die Zeit seit der Entfremdung von Wittgenstein bis zur Niederlassung in Oxford. In diesem Zeitraum wurde die deutsche Fassung von *Logik, Sprache, Philosophie*, wie wir sie heute kennen, fertiggestellt. Gleichzeitig aber »plünderte« Waismann sein umfangreiches Buchmanuskript, um einzelne Teile daraus als Artikel in *Erkenntnis* und später in *Synthese* zu veröffentlichen. 1936 erscheint auch Waismanns einziges zu seinen Lebzeiten veröffentlichtes Buch, seine inzwischen in mehrere Sprachen übersetzte *Einführung in das mathemati-*

2 Friedrich Waismann, *Logik, Sprache, Philosophie*, mit einer Vorrede von Moritz Schlick hrsg. von Gordon P. Baker und Brian McGuinness unter Mitw. von Joachim Schulte, Stuttgart: Reclam, 1976 (Reclams Universal-Bibliothek, 9827 [8]).

sche Denken.[3] Die dritte Periode ist gekennzeichnet durch Waismanns Oxforder Lehrtätigkeit und die Veröffentlichung so bedeutender Artikel wie »Verifiability«, »Language-Strata«, »Analytic-Synthetic« und »How I See Philosophy«.[4]

Der hier zum ersten Mal veröffentlichte Aufsatz »Ethik und Wissenschaft« wurde gegen Ende der zweiten Schaffensperiode verfaßt. Hier diskutiert Waismann mit beispielloser Klarheit Probleme der Rechtfertigung und Begründung sittlicher Vorschriften und ethischer Systeme und fragt nach der möglichen Stellung der Ethik im Zeitalter der Naturwissenschaften. Dabei argumentiert er scharf gegen intuitionistische Spielarten der Ethikbegründung und unterzieht den Evidenzbegriff (auch in seinen außerethischen Verwendungen) einer strengen Kritik. Er vergleicht widerstreitende Glücksvorstellungen und wendet sprachanalytische Erkenntnisse auf die Begriffe der Wahrheit und des Sollens an. Der Schluß, den Waismann aus diesen Erörterungen zieht, lautet, daß eine haltbare Begründung einer Moral unmöglich ist: »Zu einer Ethik kann man sich nur *bekennen*«, und diese Schlußfolgerung erinnert deutlich an die Auffassung Wittgensteins, der 1930 in einem Gespräch mit Waismann sagte: »Ich habe in meinem Vortrag über Ethik zum Schluß in der ersten Person gesprochen: Ich glaube, daß das etwas ganz Wesentliches ist. Hier läßt sich nichts mehr konstatieren; ich kann nur als Persönlichkeit hervortreten und in der ersten Person sprechen.«[5]

In Waismanns Manuskript über den Willen dagegen ist der Einfluß Wittgensteins weniger spürbar. Diese Abhandlung stammt vermutlich aus der Mitte der vierziger Jahre, leitet

3 Friedrich Waismann, *Einführung in das mathematische Denken*, hrsg. von Friedrich Kur, München: Deutscher Taschenbuch Verlag, 1970 (dtv 4050).

4 Siehe die Bibliographie in meinem in Fußn. 6 genannten Artikel oder in Reitzig (1973); dort auch eine deutsche Übers. von »How I See Philosophy«, S. 121–163.

5 Waismann, *Wittgenstein und der Wiener Kreis*, hrsg. von Brian McGuinness, Frankfurt a. M.: Suhrkamp, 1967, S. 117.

also Waismanns dritte Schaffensperiode ein, und der Inhalt deutet darauf hin, daß sich bestimmte Einsichten Waismanns seinen Diskussionen mit Ryle verdanken. Dieses herkömmlich »Willensfreiheit«[6] genannte Manuskript ist ein abgeschlossener Entwurf, der von Willensfreiheit jedoch nur auf den ersten Seiten handelt und das klassische Problem der Determiniertheit oder Nichtdeterminiertheit unseres Handelns als untaugliche Fragestellung zurückweist. Man könnte vielleicht sagen: Er weist es als »Scheinproblem« zurück, obgleich er diesen für den Wiener Kreis so typischen Ausdruck nicht verwendet. Im Grunde handelt der Text von den Begriffen »Wille« und »Motiv«, und in der Tat spricht Waismann im letzten Kapitel von seiner »Abhandlung über den Willen« (S. 145). Mit Bedacht wird hier von den *Begriffen* »Wille« und »Motiv« gesprochen, denn Begriffsklärung, Begriffsanalyse ist das Hauptziel von Waismanns Unterfangen. Am besten läßt sich Waismanns Schrift m. E. als Ansatz zu einer Handlungstheorie charakterisieren – »Ansatz« deshalb, weil die Theorie nicht voll ausgebildet ist, *»Handlungs*-Theorie« deshalb, weil Waismann stets darauf pocht, die zu analysierenden Begriffe seien im Hinblick auf ihre Anwendbarkeit im Kontext der Beschreibung und Erklärung einer Gesamthandlung zu untersuchen.

Warum weist Waismann das traditionelle Problem der Willensfreiheit – wenn man so will: als Scheinproblem – zurück? Er sagt, ganz im Sinne seiner intellektuellen Herkunft aus dem Wiener Kreis, unser Kriterium für Determiniertheit sei die Vorhersagbarkeit eines Ereignisses aufgrund von (naturwissenschaftlichen) Gesetzen. Nun können wir zwar, vor allem wenn wir eine Person gut kennen, ihre Handlungen innerhalb bestimmter Grenzen vorhersagen, und vielleicht

6 Diesen Titel habe ich auch beibehalten in meinem Bericht über den Waismann-Nachlaß in: *Zeitschrift für Philosophische Forschung* (1979) S. 108–140. Das hier abgedruckte Manuskript trägt dort die Katalog-Nr. L. 2. Die traditionelle Bezeichnung »Willensfreiheit« stammt vermutlich daher, daß Waismann das Manuskript in einer Mappe mit dieser Beschriftung aufhob.

tun wir dies auch aufgrund gesetzesartiger Erkenntnisse, doch die Konzeption der Vorhersagbarkeit, meint Waismann, werde dem menschlichen Handeln und unserem Begriff einer menschlichen Handlung nicht gerecht. Wir haben ein Bild vom Entstehen und Vollziehen einer Handlung, das die Anwendung des naturwissenschaftlichen Determiniertheitsbegriffs unzulänglich, ja sinnlos macht, und dieses Bild wird von Waismann als zumindest in groben Zügen zutreffend anerkannt: »da ist ein Mensch im Augenblick eines Willenentschlusses – vor ihm ist immer ein offener Kegel von Möglichkeiten, die einen mehr wahrscheinlich, aber alles ohne scharfe Grenzen fließend, unfest« (S. 9). Da dieses Bild von Waismann als richtig angenommen wird, muß er das Kriterium der Vorhersagbarkeit fallenlassen; und da es das *einzige* Kriterium für Determiniertheit sei, müssen wir die ganze klassische Fragestellung aufgeben, weil wir nicht imstande seien, in bezug auf menschliche Handlungen zwischen determiniert und nichtdeterminiert zu unterscheiden.

Diese Zurückweisung des Determiniertheitskriteriums heißt jedoch weder, daß wir über den Willen gar nichts sagen können, noch daß wir auf Berichte über subjektives Erleben – Introspektion – angewiesen sind. Im Gegenteil, Waismann räumt zwar ein, daß inneres Erleben und vor allem unsere erinnerte Erfahrung solchen Erlebens bei einer Erläuterung absichtlichen, willentlichen Handelns berücksichtigt werden muß, doch er deutet wiederholt die Gefahren der Irreführung durch Berufung auf Introspektion an. Zum einen bestreitet Waismann die Relevanz der Introspektion für die Erkenntnis des Wollens, zum anderen weist er darauf hin, daß ich mich, um herauszufinden, ob ich gewollt habe oder nicht, zu mir selbst gleichsam verhalten muß wie ein anderer: Ich muß abwarten, wie ich in Zukunft handle, was ich zu leisten vermag, wie ich mich verhalten werde, um zu erkennen, ob ich seinerzeit wirklich einen gewollten Schritt vollzogen habe.

Eines der Hauptziele von Waismanns Untersuchung ist die Beantwortung der Frage, wann man zu Recht von Wollen – im Gegensatz z. B. zum Wünschen – sprechen kann. Diese Fragestellung scheint sich auf die Angabe hinreichender und/oder notwendiger Bedingungen zu richten, doch dazu sieht Waismann keine Möglichkeit, und zwar aus mehreren Gründen. Zunächst schlägt er vor, das Wollen vom Wünschen dadurch abzugrenzen, daß, während das Wünschen rein subjektiv – eine bloße Vorstellung – bleiben kann, Wollen manifest werden muß; d. h. erst im Handeln zeige sich, ob etwas wirklich gewollt ist. Diese These faßt Waismann mit dem Schlagwort »Der Wille ist die Tat« (S. 12) zusammen. Im Gang der Untersuchung zeigt sich jedoch sehr rasch, daß dieses Schlagwort zur Charakterisierung des Wollens weder notwendig noch hinreichend ist. Um es kurz zu sagen: Notwendig ist die Tat deshalb nicht, weil wir auch dann zu Recht von Wollen sprechen können, wenn die Ausführung nicht gelingt, d. h. wenn es kein aufweisbares Ereignis gibt, das man als Manifestation des Willens namhaft machen könnte; hinreichend ist die Tat deshalb nicht, weil wir auch dann (z. B. im Falle von Routine- oder automatischen Vollzügen) von Handlungen sprechen, wenn von Wollen oder Willensleistung keine Rede sein kann. Das Schlagwort »Der Wille ist die Tat« ist also im Grunde nicht mehr als ein höchst fehlbares Kriterium zur Unterscheidung des Wollens vom Wünschen.

Unter den wesentlichen Merkmalen des Wollens hebt Waismann vor allem das der Anstrengung, der Überwindung eines Widerstands hervor: Von einem Wollen können wir nur dann sprechen, wenn es wenigstens einen minimalen Widerstand zu überwinden gibt, etwas, das die Aufmerksamkeit des Betreffenden in Anspruch nimmt. Andererseits dürfe der Widerstand nicht zu groß sein, denn sonst könne wiederum nicht gewollt werden. So kann ich zwar den *Wunsch* hegen, jetzt die Hammerklaviersonate zu spielen, obwohl ich es bisher nur zur Sonata facile gebracht habe,

aber *wollen* kann ich es nicht: das Gewünschte steht in flagrantem Mißverhältnis zu meinen Möglichkeiten.
Waismann geht es jedoch nicht nur um die Frage, wann wir zu Recht von »wollen« bzw. von einer Willenshandlung sprechen können. Er will auch das Problem behandeln, wie es zu einer Willenshandlung kommt, d. h. welcher Art die zutreffenden Antworten auf die Frage »Warum hat er das getan?« sind. Eine befriedigende Antwort auf eine solche Warum-Frage, meint Waismann, enthält gewöhnlich die Angabe eines *Motivs* der Handlung.
Was aber sind Motive? Eines ist sicher: Introspektion wird uns auch hier nicht weiterbringen, denn was ich in mir wahrnehme, wenn ich zu ergründen suche, warum ich etwas tun will bzw. warum ich etwas habe tun wollen, kann so vielfältig, so wandelbar und so nichtssagend sein, daß von daher kein Aufschluß zu erwarten ist. Und wenn ich reflektierend auf die Frage nach dem Warum meiner Handlung z. B. zutreffend sage: »Ich habe es aus Geldgier getan«, dann entspricht diese nach Voraussetzung richtige Antwort womöglich keinem introspizierbaren Element meines Bewußtseins. Daß innere Vorgänge und Motive in keinem erkennbaren Zusammenhang zu stehen brauchen, wird – wie auch Ryle in seiner klassischen Abhandlung *Der Begriff des Geistes*[7] hervorgehoben hat – vor allem in solchen Fällen deutlich, in denen das Motiv einer Disposition entspringt, einem Charakterzug, wie wir umgangssprachlich sagen. Waismanns Beispiel ist: »Er handelte aus Eifersucht.« Es ist klar, daß eine aus Eifersucht vollzogene Handlung ohne eifersuchtsbezogene Gedanken, Vorstellungen oder Gefühle vollbracht werden kann. D. h., ein Motiv wie das der Eifersucht kann *unbewußt* bleiben.
Anders steht es in den Fällen, in denen ich auf die Frage nach dem Motiv meiner Handlung mit der Angabe eines Ziels, einer zu erfüllenden Absicht, antworte. So kann es z. B.

7 Gilbert Ryle, *Der Begriff des Geistes*, aus dem Engl. übers. von Kurt Baier, Stuttgart: Reclam, 1969 (Reclams Universal-Bibliothek, 8331 [6]).

sein, daß ich auf die Frage nach dem Warum einer bestimmten Handlung erwidere: »Ich habe ihn geschlagen, um ihn aufzuwecken« od. dgl. In allen derartigen Fällen müssen wir davon ausgehen, daß dem Handelnden das Ziel seiner Handlung, das, worauf er es mit seinem Wollen abgesehen hat, vorschwebt. Er muß in solchen Fällen ein – und sei es noch so vages – *Bewußtsein* seines Motivs haben.
Diese Unterscheidung zwischen notwendig bewußten Motiven einerseits und womöglich unbewußten Motiven andererseits macht sich Waismann terminologisch zunutze: Die ersteren (also die mit Zweckangaben und Bewußtsein verbundenen) Motive nennt er *Beweggründe*, während er die letzteren (vom Typ Eifersucht, Ehrgeiz usw.) *Triebfedern* nennt. Doch diese Unterscheidung bezeichnet, wie Waismann durch Erörterung von Beispielen zeigt, keine erschöpfende und immer durchzuhaltende Dichotomie. So gibt es, wie Waismann ausführt, Motive, denen zwar kein Ziel, keine bewußte Absicht entspringt, die aber dennoch stets etwas Bewußtes sind: z. B. »aus Zorn handeln«, »aus Übermut handeln« usw. Die mit diesen Begriffen gemeinten Motive unterscheiden sich von den Beweggründen vor allem durch das Fehlen eines spezifischen Handlungsziels, von den Triebfedern zum einen durch die notwendige Bewußtheit, zum anderen auch noch durch ihr transitorisches Wesen: Zorn, Grimm, usw. gehen gewöhnlich rasch vorüber, während Eifersucht, Geiz u. dgl. bleibende Motive sind. Die dritte Klasse von Motiven, die sich also deutlich von Triebfedern wie von Beweggründen abhebt, nennt Waismann *Antriebe*.
Motive führen wir an, um zu erklären, weshalb eine Handlung vollzogen worden ist. Dies gilt sowohl in dem Fall, in dem wir unsere eigenen Handlungen verständlich machen oder rechtfertigen wollen als auch in dem Fall, in dem wir uns über die Handlungen einer anderen Person Rechenschaft ablegen wollen. Den Willen bringen wir ins Spiel, um zu sagen, daß eine Handlung einerseits freiwillig, d. h. ohne

äußeren Zwang, andererseits nicht automatisch bzw. geradezu bewußtlos vollzogen worden ist. Es scheint demnach, als sei unser gewöhnliches Schema des Handelns das eines Vollzugs, dem ein Motiv zugrunde liegt, das der Wille auswählt und sich zu eigen macht, woraufhin er, von dieser Entscheidung ausgehend, die eigentliche Handlung hervorbringt.

An diesem Bild stimmt vieles nicht, wie Waismann deutlich macht. Vergegenwärtigen wir uns die Richtung dieses vermeintlichen Vorgangs:

MOTIV → WILLE → HANDLUNG

Müssen wir uns nicht fragen, was der Entscheidung des Willens zugrunde liegt, wenn er ein bestimmtes Motiv wählt? Und was kann das sein, wenn nicht ein weiteres Motiv? Wir sehen sofort, wenn wir uns solche Fragen stellen, daß hier zahlreiche Angriffspunkte für Regreßargumente sind, wie wir sie etwa aus Ryles Werk kennen. Ähnliche Argumente führt auch Waismann ins Feld, z. B. wenn er schreibt: »Fragt man nun, was den Willen bestimmt, so scheint die Antwort zu sein: das Motiv. Denn als Motiv fassen wir gemeinhin das auf, was den Willen in Bewegung setzt, *den Beweggrund*. Also: der Wille wählt, bestimmt das Motiv; aber wie kann er das, wenn er von dem Motiv bestimmt wird? Ferner: Wenn der Wille von etwas anderem, dem Motiv, bestimmt wird, wie kann er dann der *Wille* sein, das, was bewegt? Dann käme ja dem *Motiv* die bewegende Kraft zu, und der Wille wäre eigentlich ganz überflüssig.« (S. 102) Klarer kann man es eigentlich nicht sagen: An unserem Bild, wonach der Wille ein Motiv wählt und dementsprechend eine Handlung herbeiführt, ist etwas faul – der Wille ist im Grunde gar nicht vonnöten, wenn man die Sache im Sinne eines zeitlich gerichteten und ursächlich bestimmten Ablaufs betrachtet.

Andererseits haben wir gesehen, daß uns das Wesen der Motive nur ansatzweise deutlich geworden ist: Wir kennen weder eine zulängliche Definition der Motive, noch wissen wir eine vollständige Liste der Arten von Motiven anzugeben. Überdies *ändern* sich die Motive, wie Waismann erklärt, d. h.: heute scheint uns *dies* das Motiv einer Handlung zu sein, morgen etwas *anderes*. Während ich z. B. heute glaube, aus altruistischen Motiven gehandelt zu haben, sehe ich später vielleicht ein, daß eine ganze Menge Egoismus im Spiel war. Oder, unter anderem Blickwinkel gesehen, für mich ist *dies* das Motiv der Handlung, für dich ist *das* das Motiv. So mag es etwa sein, daß Johanna glaubt, ich habe sie wegen ihres Geldes geheiratet, während ich selbst meine Ichschwäche dafür verantwortlich mache. Motive hängen also von der Sehweise ab. Sie sind zwar keineswegs beliebig wählbar, denn mal kann man die Wahl des genannten Motivs rechtfertigen, ein andermal kann man es nicht. Es gibt jedoch keine letzte Instanz, auf die man sich berufen könnte, um unwiderlegbar zu entscheiden, welches Motiv das richtige ist. Motive sind, um es mit Waismanns eigenen Worten zu sagen, »Deutungen«. Damit soll keinem wildwüchsigen Erklärungspluralismus das Wort geredet, sondern schlicht eine Grenze unserer Erkenntnismöglichkeiten angedeutet werden. Überdies sind nicht alle Motive in der gleichen Lage. Waismann weist darauf hin, daß wir in besonderen Fällen zahllose Einzeldaten über die Entstehung und den Ablauf einer Handlung zusammentragen und damit wenigstens in die Nähe einer *kausalen* Erklärung gelangen können. »Die Frage nach dem Motiv ist«, wie er schreibt, »in diesem Fall viel ähnlicher der Frage nach der *Ursache*« (S. 144). Doch dies ist wohl kaum der Normalfall, in dem wir uns vielmehr mit folgender Sachlage abfinden müssen: »Da die Motive [...] unfest sind und einem bei kritischer Besinnung unter den Händen zerrinnen, ist es besser, sie von Anfang an nicht als bestimmt existierende Dinge aufzufassen, sondern lieber zuzusehen, was dann wirklich geschieht, wenn man handelt, und sich dann über das eigene Handeln Urteile macht« (S. 139).

Welche Schlüsse können wir aus diesen Betrachtungen ziehen? Einerseits sagt Waismann, daß weder Wille noch Motiv isolierbare und in Absehung vom Handlungskontext erklärbare Phänomene sind. Sie sind keine selbständigen Entitäten, die wir durch unseren Scharfsinn in ihrem Wesen zu erkennen vermögen, sondern essentiell abhängige Momente unseres Handelns, die wir in dieser funktionalen Hinsicht erläutern können und deren Erscheinungsvoraussetzungen wir zumindest in groben Zügen zu kennzeichnen vermögen. Wir können angeben, unter welchen Bedingungen wir zu Recht von »wollen« bzw. von einer gewollten Handlung sprechen, und wir sind auch imstande, Arten von Motiven zu beschreiben, zu analysieren und zu klassifizieren. Diese Möglichkeiten sollten uns Aufklärung verschaffen über einiges, was dunkel ist, aber zugleich aufrufen zur Bescheidenheit unseres Erkenntnisanspruchs.

Joachim Schulte

Deutsche Philosophie des 20. Jahrhunderts

IN RECLAMS UNIVERSAL-BIBLIOTHEK

Hans Albert, Kritische Vernunft und menschliche Praxis. 5 Texte. Mit einer autobiographischen Einleitung. 9874 [2]

Hans Blumenberg, Wirklichkeiten, in denen wir leben. Aufsätze und eine Rede. 7715 [2]

Rüdiger Bubner, Zur Sache der Dialektik. 4 Aufsätze. 9974 [2]

Hans Ebeling, Freiheit, Gleichheit, Sterblichkeit. Philosophie nach Heidegger. 7776 [2]

Kurt Flasch, Augustin. Einführung in sein Denken. 9962 [5]

Hans-Georg Gadamer, Die Aktualität des Schönen. Kunst als Spiel, Symbol und Fest. 9844

Jürgen Habermas, Politik, Kunst, Religion. 6 Essays über zeitgenössische Philosophen. 9902 [2]

Nicolai Hartmann, Der philosophische Gedanke und seine Geschichte. Nachwort von Ingeborg Heidemann. 8538 [3]

Martin Heidegger, Der Ursprung des Kunstwerkes. Mit einer Einführung von Hans-Georg Gadamer. 8446 [2]

Martin Heidegger · Fragen an sein Werk. Ein Symposion. Beiträge von J. Busche, B. Willms, M. Theunissen, J. B. Lotz, K.-H. Volkmann-Schluck, E. Jüngel, H. Birault und A. Schmidt. 9873

Werner Heisenberg, Quantentheorie und Philosophie. Vorlesungen und Aufsätze. Hrsg. Jürgen Busche. 9948 [2]

Dieter Henrich, Selbstverhältnisse. Gedanken und Auslegungen zu den Grundlagen der klassischen Philosophie. 7852 [2]

Arthur Hübscher, Von Hegel zu Heidegger. Gestalten und Probleme. 8651 [4]

Roman Ingarden, Über die Verantwortung. 8363 [2]

Karl Jaspers, Über Bedingungen und Möglichkeiten eines neuen Humanismus. 3 Vorträge. Nachwort von Kurt Rossmann. 8674

Hans Lenk, Pragmatische Vernunft. Philosophie zwischen Wissenschaft und Praxis. 9956 [2]

Paul Lorenzen, Theorie der technischen und politischen Vernunft. 6 Texte. 9867 [2]

Hermann Lübbe, Praxis der Philosophie. Praktische Philosophie. Geschichtstheorie. 7 Texte. 9895 [2]

Odo Marquard, Abschied vom Prinzipiellen. Philosophische Studien. 7724 [2]

Gottfried Martin, Einleitung in die allgemeine Metaphysik. 8961 [2]

Günther Patzig, Tatsachen, Normen, Sätze. Aufsätze und Vorträge. Mit einer autobiographischen Einleitung. 9986 [2]

Manfred Riedel, Norm und Werturteil. Grundprobleme der Ethik. 4 Aufsätze. 9958 [2]

Josef Schächter, Prolegomena zu einer kritischen Grammatik. Bibliographie und Nachwort von Gerd H. Reitzig. 9922 [3]

Alfred Schmidt, Kritische Theorie, Humanismus, Aufklärung. Philosophische Arbeiten 1969–1979. 9977 [2]

Walter Schulz, Vernunft und Freiheit. Aufsätze und Vorträge. 7704 [2]

Wolfgang Stegmüller, Rationale Rekonstruktion von Wissenschaft und ihrem Wandel. 5 Texte. Mit einer autobiographischen Einleitung. 9938 [2]

Ulrich Steinvorth, Stationen der politischen Theorie. Hobbes, Locke, Rousseau, Kant, Hegel, Marx, Weber. 7735 [5]

Friedrich Waismann, Logik, Sprache, Philosophie. Vorrede von Moritz Schlick. Herausgegeben von Gordon Baker, Brian McGuinness und Joachim Schulte. 9827 [8]

Carl Friedrich von Weizsäcker, Ein Blick auf Platon. Ideenlehre, Logik und Physik. 7731 [2]

Geschichte der Philosophie in Text und Darstellung. Band 8: 20. Jahrhundert. Hrsg. Reiner Wiehl. 9918 [6]

Philipp Reclam jun. Stuttgart

Englische Philosophie

IN RECLAMS UNIVERSAL-BIBLIOTHEK

John Langshaw Austin, Sinn und Sinneserfahrung (Sense and Sensibilia). Nach den Vorlesungsmanuskripten zusammengestellt und herausgegeben von G. J. Warnock. Übersetzt von Eva Cassirer. 9803 [3]

Zur Theorie der Sprechakte (How to do things with Words). Deutsche Bearbeitung von Eike von Savigny. 9396 [3]

Alfred Jules Ayer, Sprache, Wahrheit und Logik. Übersetzt und herausgegeben von Herbert Herring. 7919 [4]

Thomas Hobbes, Leviathan. Erster und zweiter Teil. Übersetzt und herausgegeben von J. P. Mayer. Nachwort von Malte Dießelhorst. 8348 [4]

David Hume, Eine Untersuchung über den menschlichen Verstand. Übersetzt und herausgegeben von Herbert Herring. 5489 [3]

Dialoge über Religion. Übersetzt und herausgegeben von Norbert Hoerster. 7692 [2]

John Locke, Gedanken über Erziehung. Übersetzung, Anmerkungen und Nachwort von Heinz Wohlers. 6147 [4]

Über die natürliche Regierung. Übersetzung von Dorothee Tidow. Mit einem Nachwort herausgegeben von Peter Cornelius Mayer-Tasch. 9691 [3]

John Leslie Mackie, Ethik. Auf der Suche nach dem Richtigen und Falschen. Aus dem Englischen übersetzt von Rudolf Ginters. 7680 [4] (auch geb.)

John Stuart Mill, Über die Freiheit. Übersetzt von Bruno Lemke. Mit Anhang und Nachwort herausgegeben von Manfred Schlenke. 3491 [3]

Der Utilitarismus. Übersetzung, Anmerkungen und Nachwort von Dieter Birnbacher. 9821 [2]

George Edward Moore, Principia Ethica. Übersetzt und herausgegeben von Burkhard Wisser. 8375 [4]

Willard Van Orman Quine, Ontologische Relativität und andere Schriften. Übersetzt und herausgegeben von Wolfgang Spohn. 9804 [3]

Wort und Gegenstand (Word and Object). Übersetzt von Joachim Schulte in Zusammenarbeit mit Dieter Birnbacher. 9987 [6] (auch geb.)

Bertrand Russell, Philosophische und politische Aufsätze. Herausgegeben von Ulrich Steinvorth. 7970 [3]

Gilbert Ryle, Der Begriff des Geistes. Übersetzt von Kurt Baier. Überarbeitet von Günther Patzig und Ulrich Steinvorth. 8331 [6]

Peter Frederick Strawson, Einzelding und logisches Subjekt (Individuals). Ein Beitrag zur deskriptiven Metaphysik. Übersetzt von Freimut Scholz. 9410 [5]

Texte der Philosophie des Pragmatismus, Charles Sanders Peirce, William James, Ferdinand Canning, Scott Schiller und John Dewey. Eingeleitet und herausgegeben von Ekkehard Martens. 9799 [3]

Geoffrey James Warnock, Englische Philosophie im 20. Jahrhundert. Übersetzt von Eberhard Bubser. 9309 [3]

Alfred North Whitehead, Die Funktion der Vernunft. Übersetzt von Eberhard Bubser. 9758

Bernard Williams, Der Begriff der Moral. Eine Einführung in die Ethik. Übersetzt von Eberhard Bubser. 9882 [2]

Probleme des Selbst (Problems of the Self). Philosophische Aufsätze 1956–1972. Übersetzt von Joachim Schulte. 9891 [5] (auch geb.)

Philipp Reclam jun. Stuttgart

Geschichte der Philosophie in Text und Darstellung

Band 1: *Antike.* Hrsg. von Wolfgang Wieland. 9911 [5]

Band 2: *Mittelalter.* Hrsg. von Kurt Flasch. 9912 [6]

Band 3: *Renaissance und frühe Neuzeit.* Hrsg. von Stephan Otto. In Vorb. für 1983

Band 4: *Empirismus.* Hrsg. von Günter Gawlick. 9914 [5]

Band 5: *Rationalismus.* Hrsg. von Rainer Specht. 9915 [5]

Band 6: *Deutscher Idealismus.* Hrsg. von Rüdiger Bubner. 9916 [5]

Band 7: *19. Jahrhundert.* Positivismus, Historismus, Hermeneutik. Hrsg. von Manfred Riedel. 9917 [5]

Band 8: *20. Jahrhundert.* Hrsg. von Reiner Wiehl. 9918 [6]

»Diese Unternehmung besticht durch einen gescheiten Ausweg aus dem Dilemma, in das uns die Einsicht führt, daß es einen unparteiischen Standpunkt vielleicht nur für den lieben Gott gibt. Sie verfügt über eine Konzeption, die die je verschiedene Eigenart der geistigen Standpunkte und Perspektiven schon durch die Kombination der literarischen Gattungen herausstellt. Die Brauchbarkeit für das philosophische Bildungswesen wird dadurch sehr gefördert. Besonders für die neu gestaltete Oberstufe des Gymnasiums, in der dem Fach Philosophie eine besondere Bedeutung zukommt, scheint die Mischung von Text und Darstellung geeignet.
Der Philosophieunterricht, der sich dieses Angebot zunutze macht, stellt die geistespolitischen Kategorien bereit, die für das Verständnis der westlichen Staatstheorien im Fach Gemeinschaftskunde erforderlich sind.« *Eckhard Nordhofen, F. A. Z.*

Philipp Reclam jun. Stuttgart